AF554424

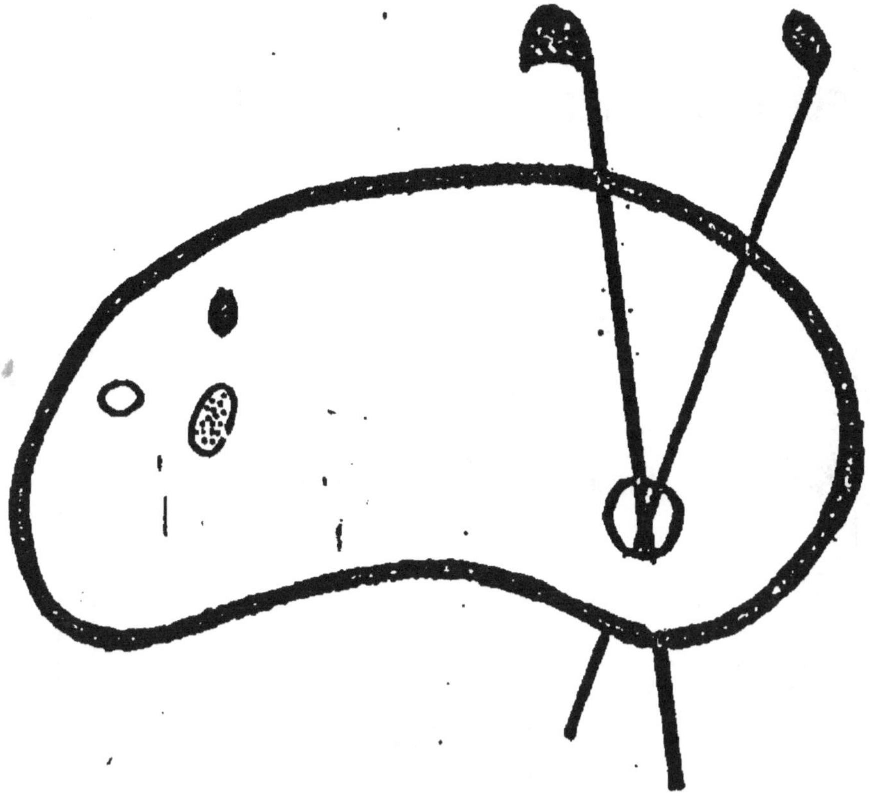

COUVERTURE SUPERIEURE ET INFERIEURE
EN COULEUR

SALINS-LES-BAINS

SES EAUX MINÉRALES ET SES ENVIRONS

PAR

MAX-BUCHON.

149

Prix : 60 centimes.

LONS-LE-SAUNIER,
Imprimerie et Lithographie de GAUTHIER FRÈRES.

1862

L^7K
12502

IMPRIMERIE
GAUTHIER FRÈRES,
à Lons-le-Saunier.

SALINS-LES-BAINS

SES EAUX MINÉRALES

ET SES ENVIRONS.

LK 7
12502

Publications de Max-Buchon.

En Province, 1 vol. Michel Lévy.

Le Fils de l'ex-Maire, 1 vol. Hetzel.

Poésies Franc-Comtoises, 1 vol. (sous presse).

Noëls et Chants populaires, 1 vol. (id.)

Traductions allemandes publiées en Suisse :

Hébel. Poésies allémanniques, 1 vol.

Auerbach. Histoires villag. 2 vol.

Gotthelf. Nouvelles bernoises, 1 vol.

La Fromagerie, 2 vol.

Le Maître d'École, 2 vol.

Anne Babi, 2 vol.

L'âme et l'Argent, 1 vol.

SALINS-LES-BAINS

SES EAUX MINÉRALES ET SES ENVIRONS

PAR

MAX-BUCHON.

Prix : 60 centimes.

LONS-LE-SAUNIER,
Imprimerie et Lithographie de GAUTHIER FRÈRES.

1862

SALINS-LES-BAINS

SES EAUX MINÉRALES

ET SES ENVIRONS.

1. — CHAPEAU BAS !

Bonjour, Messieurs les baigneurs, et vos dames pareillement. Soyez les bienvenus parmi nous. Ha ! ha ! il fait chaud, n'est-ce pas, pour arriver au mois de juin dans nos rochers et nos montagnes. Bah ! que les petits ennuis de l'arrivage ne vous découragent pas trop. Prenez la peine de vous asseoir. Le garçon vient de monter vos bagages dans votre chambre. Le dîner est sur table. Nous descendrons sitôt que vous serez un peu remis des cahots du chemin de fer et de l'omnibus, et, avec votre permission, je profiterai des instants pendant lesquels vous vous restaurerez, pour vous mettre au courant de tout ce qui peut vous intéresser durant votre séjour à Salins.

Vous allez peut-être me trouver indiscret de vous prendre ainsi à partie tout au débotté, n'ayez peur. Si je suis un peu babillard, je tâcherai du moins de ne vous paraître ni ennuyeux ni pédant. Ce que j'en fais, c'est uniquement pour votre bien. On a déjà publié plusieurs livres très-savants sur nos eaux minérales. Si je viens en accroître la bande, c'est à titre de simple voltigeur, non pour supplanter mes devanciers, mais pour répéter ce qu'ils ont dit, sur un ton plus familier, et pour vous expliquer même au besoin leurs explications, en vous parlant toujours comme saint Paul..., la bouche ouverte.

Et d'abord, comme pied à terre d'arrivage, vous avez l'*Établissement des Bains*, puis l'*Hôtel du Sauvage* et l'*Hôtel des Messageries*. Dans ces deux derniers hôtels, le coucher et la table coûtent 6 francs par jour. Si vous ne tenez pas au luxe, et que la propreté vous suffise, vous devez trouver en ville une chambre garnie convenable à un ou deux francs par jour.

Maintenant que vous voilà provisoirement installés, laissez-moi vous donner d'ici une idée du pays de Salins vu à vol d'oiseau.

II. — SALINS A VOL D'OISEAU.

Salins est situé au milieu d'un paysage des plus singuliers. Quand, du haut du Mont-Poupet, qui domine majestueusement toute la contrée, on promène ses regards dans la direction de la ville, on n'aperçoit qu'un immense bouleversement de rochers et de collines, de vallons et de falaises, de prairies et de vignobles, jetés au hasard, les uns à travers les autres, comme les vagues d'une mer en délire, qui aurait été surprise par la gelée au fort de la tempête. Du sein de ce chaos surgissent les deux forts de Belin et de Saint-André, pareils à deux monstres assoupis, jusqu'à ce qu'une étincelle vienne faire jaillir la flamme de leurs menaçantes meurtrières. Vues ainsi d'en haut, ces deux cimes crénelées paraissent tellement voisines, que l'idée vient involontairement de la facilité qu'il y aurait à y établir, sur la ville, une escarpolette pour s'y balancer à plaisir. Salins s'étire comme il peut, sur une longueur de quatre kilomètres, à travers cette coulisse, au gré des sinuosités du cours laborieux de sa petite rivière la *Furieuse.*

III. — SALINS HISTORIQUE.

Comme il est facile de le comprendre, Salins doit son nom et son origine à ses eaux salées. Sous les Romains, il formait une station militaire, nommée *Pons Ariarica* (d'où *Pont-d'Héry*), sur la route d'Italie au pays des Séquanais. Les viandes salées de nos contrées étaient, dit-on, déjà réputées à Rome du temps de l'empereur Auguste.

A l'invasion des Gaules par les barbares, Salins

passa à la domination des Burgondes, qui le fortifièrent. On l'appela dès-lors la porte des Bourgognes. Au VIe siècle, le roi Sigismond donna le château de Bracon et la saline à l'abbaye d'Agaune, en Valais, qui les céda, en 942, au comte de Mâcon. Le frère de celui-ci venait d'être nanti du reste de la ville ; de là, cette distinction de *Bourg dessus* et *Bourg dessous* qui a nominalement survécu.

Au onzième siècle, charte communale de Jean de Châlon. En 1306, Philippe-le-Long, roi de France, par son mariage avec Jeanne, arrière-petite-fille de Jean de Châlon, devient maître de toute la ville, qui retourne bientôt à la maison de Bourgogne par le mariage de Jeanne, fille de Philippe-le-Long.

En 1362, fondation, sous le nom de *Mont-de-Salins*, du premier Mont-de-Piété connu. Salins prospère sous Philippe-le-Hardi, duc de Bourgogne. Son fils, Jean-sans-Peur, rafole de Salins. Philippe-le-Bon en complète les remparts, et emprisonne Réné d'Anjou, plus tard roi de Naples, au château de Bracon, où Charles-le-Téméraire vient se consoler de sa déconfiture de Morat, en 1476.

Louis XI et Charles VIII de France attaquent la Bourgogne. Les Salinois résistent les derniers à l'armée française. En 1493, la Bourgogne fait retour à ses souverains. Les *bourgs* de Salins, jusque-là rivaux, sont fusionnés. Les arts et les lettres y ont aussi leur renaissance. Salins a son imprimerie, puis ses statuaires, Lhuillier et Landry ; une bibliothèque est formée par les capucins, et Jean de Gilley, crée, entre Pretin et Marnoz, l'un des plus anciens jardins botaniques. Les idées de Luther éveillent des sympathies à Salins, mais l'autorité y met ordre lestement.

Bientôt Henri IV le Béarnais, après avoir soumis Arbois, menace Salins. Les Salinois répondent qu'ils ne relèvent que de leurs souverains légitimes et de leur courage. Grâce à des ambassadeurs suisses qu'on avait chargés d'intervenir, Henri IV laisse Salins tranquille, moyennant finances.

En 1668, la trahison du baron de Chevroz, gouverneur des forts, livre Salins au duc de Luxembourg, général de Louis XIV. Bientôt rendu à l'Espagne, Salins se soumet définitivement aux Français en 1674, mais après 17 jours de siége, où ils perdent plus de deux mille hommes et tirent plus de cinq mille coups de canon.

Voilà quelques jalons à la volée. Notre cadre ne comporte pas ici de plus longs développements.

En 1792, la Convention proclame que Salins a bien mérité de la patrie, en mettant sur pied un magnifique bataillon, et réalisant un don patriotique de 120,000 fr.

Déjà ravagé souvent par la peste et trois fois par le feu en 1336, 1442 et 1469, Salins est incendié de nouveau en 1825. Les riches dons de la France et de l'Europe lui permettent de se rafistoler, de manière à ne plus mériter le surnom de *pot de chambre de la Comté*, qu'on lui donnait autrefois.

Comme certificat de la richesse de son sol, Salins n'aurait qu'à citer la liste nombreuse de ses anciens couvents, les Carmes, les Cordeliers, les Augustins, les Tiercelins, les Bénédictins, les Capucins, les Jésuites, les Templiers, les Carmélites, les Claristes, les Ursulines, les Tiercelines, les Visitandines, indépendamment des trois chapitres de St-Anatoile, St-Michel, St-Maurice, et des quatre prieurés de St-Nicolas, de St-Pierre, de Balerne, de Sainte-Magdeleine, sans compter les ermitages, les confréries et les familiarités.

Cette pullulation avait fini par engendrer la licence la plus effrénée, comme le prouve un arrêt de police, interdisant aux Cordeliers toute sortie nocturne, à peine d'être arquebusés par la patrouille. La verve populaire n'arquebusait pas les moines ; elle se contentait de les chansonner, témoin cet ancien *Noël* en patois de Salins, que nous demandons la permission de consigner ici, comme échantillon de vieille littérature indigène :

Je m'en olli l'autre dès jous, ès Carmes, au bout dès faubous, lou poukié lo nouvello que le bon Jésu était né, qui n'y ovait ran o lantèné; que c'était chouso fâto ; qui s'dèpâchissant vitoment d'y ollé poukié dès presents.

Refrain : Oh! bon, bon, bon! le jouli p'tit poupon! n'y o-t-u niun pou le voir?

Pendant que lès kiouechès (1) sounint, lès moines de Gouôilles venint, qu'ètint no d'mi douzaino; ma, en passant poi Blégny, quatre s'ollirant rèfli (2); l'un ovait lo tridenno (3); l'autre ovait poidiu son froue, que li pengueillait derrie le doue (4). — Oh! bon, bon! etc.

Il y vint un grand frère lai, oveu son grand chopeau nal, traînant son scapulaire. Me dit le bon père Priou: — Nous vous remerciens de l'honnou que vous nous vouliz faire; ma nous in no constitution que dèfend lès proucessions. — Oh! bon, bon! etc.

Lès chanoines du Bou-Dessus ovint tretou mis iou aumus, et iou bounet en této; ma il y vint un contretemps, qu'èbahissit toutès lès gens, troubli touto lo féto: Lo Grand'rueto était geolo (5) l'ant tous boulé o lo-vau-l'eau. — Oh! bon, bon! etc.

Je m'en olli ès Coudelies, voir si l'ovint mis iou soulies, si ferint bin le voyage. I m'ant dit qu'i voulint bin, que l'ollint prendre deux dets de vin, pou iou beillie courage; tredio! l'en ant tant bu de coues, l'en sont devenus tretou foues. — Oh! bon, bon! etc.

Lès chanoines de Saint-Mechie (6) pou çoukie s'ètint rèmoigie. Lou pu grand de la bando, c'était le chanoine Magnin, que s'est beillie un groue tâtin (7) en passant poi lo pouôkio (8) et du coue qui s'est beillie, lo Velo en o rebondie. — Oh! bon, bon! etc.

C'est l'aumounie de l'houpitau qu'o dit que c'était troue de mau, de dèlougie o c't'huro. C'est n'houme qu'est bin si pourou, qu'en son chemin trouvit un loup et cen li fit d'lo poinno. Putoue que de condure son chemin, i mit l'affaire au lendemain. — Oh! bon, bon! etc.

---

(1) Cloches. — (2) Amuser. — (3) Diarrhée. — (4) Pendillait. — (5) Grand'rue. — (6) St-Michel. — (7) Gros coup. — (8) La porte.

C'est lès Familles de Saint-Jean, qu'ant tretou dit qu'auparavant que de poilé d'affaire, qu'i faillait no fondation pour faire no proucession ; que li enviint le bon Vépre (9). Ma i sont tant intéressis, que d'avance i faut lès payis.—Oh ! bon, bon ! etc.

Je m'en olli pou èvoiki l'Oratoire pou y veni, oveu toutès toutès classes. Le Préfet m'o dit bounoment si dans l'ètable de Bethléan i n'y ovait pas prou de n'âne, sans y mener lès écouiles ? Tredie ! i n'y boutrant pas lès pies. — Oh ! bon, bon ! etc.

Notre-Dame ovait rèsolu d'oller voir l'enfant Jésus, de li fare n'harangue. L'ant tant prié monsue Bedeau qu'i s'est trouvé de boune okouo (10), et qu'o no bouno languo. Quand l'est été souki de fouo (11), i n'o pus su son fa-pa-couo (12). — Oh ! bon, bon ! etc.

Un Jésuite que me counait, m'o rèpondu tout beau et net que le jou de no féto, i ne pouvint quitter lou màson, pou cause dès confessions ; que lès gens fesint lou dèvoto (13) ; que j'ollo dire o noute Seignou, que l'ètint bin sès servitous. — Oh ! bon, bon ! etc.

Lès deux ermites de Solins, sont venus k'ment c'tu de Pretin, qu'ètait vaca dès deux ainchès (14). C'ètait le bon père Phelba que se berçait k'ment un cana, en passant su lès plainchès. Ma i voichit du pie dret, se flanquit dans l'iau pol le fred. — Oh ! bon, bon ! etc.

Dès chanoines de Saint-Moueri (15), pa un n'y o voulu veni, si ce n'est c'tu groue prétre qu'o deux frères capucins, l'un Frédéric et Colombin, et deux o l'Oratoire ; c'est le chanoine Patronay qu'o un frère que pouôkieu l'épée. — Oh ! bon, bon ! etc

J'ollis su lo coueto de Pretin, vâ lès pères Bènèdictins, ma l'ètint o lo foire ; un ètait oveu dès sergents, pou fair'gaigie (16) des pouerès gens, que lou devint dès rentes. Lès autres ètint ki o Mânoue, pour se faire payie dès loues (17). — Oh ! bon, bon ! etc.

---

(9) Bonsoir.—(10) Bon accord.—(11) Sorti dehors.—(12) Fait par cœur [Discours]. — (13) Dévotions. — (14) Boiteux des deux hanches. — (15) St-Maurice. — (16) Saisir. — (17) Des dîmes.

Deux Tircelins nouveaux venus que ne sovint pas lès èdus (18), prirant no mèchant route. L'un, oveu sès soulles de boue, s'essopait contre lès ècoues (19), l'ètint tout en aèroute. L'autre s'olli enquepeilli (20) lo barbo dans un greseli (21). — Oh ! bon, bon ! etc.

Je rencontri en mon chemin no grand bando de capucins, nu-pieds et sans-chemise, et quoiqu'i fussint mau vétus, i courint k'ment dès poidius maugré touto lo bise, et k'mencèrint de tout lou mue (22) o chanter lès Ogrès o Duè (23). — Oh ! bon, bon ! etc.

Lou beau premie qu'ollait devant, c'ètait lou bon frère Innoucent que condusait lo bando. Quand l'âne dè Bounet l'o vu, si toue i se champit su lu, pou li empougnie lo barbo, crayant être un loupin de foin ; i o tout empoukié le groin. — Oh ! bon, bon ! etc.

En fin de compte, l'enfant Jésus reste tout seul dans sa crèche.

IV. — SALINS MODERNE.

Autrefois siége temporaire des Etats de Bourgogne et même du Parlement, autrefois par moment résidence aimée de ses souverains, Salins possédait encore, en 1788, un gouvernement militaire, un commissaire de guerre, un bailliage présidial, un ingénieur des ponts et chaussées, une maîtrise des eaux et forêts, et une juridiction des salines. La première organisation judiciaire, après

---

(18) Les êtres. — (19) Heurtait les vieilles souches. — (20) Encharboter. — (21) Groseiller. — (22) De leur mieux. — (23) Les louanges de Dieu.

1789, y avait placé un tribunal de district que lui enleva la Constitution de l'an 3.

Aujourd'hui, Salins n'est plus, administrativement, qu'un chef-lieu de canton, avec tribunal de commerce, caserne et commandant de place, bibliothèque et théâtre, bureau télégraphique, collége, octroi et hôpital, quatre paroisses et environ 7,000 habitants.

Le sel, le plâtre, le vin, le fromage de Gruyère résument les produits de la localité. Le transit permanent des grands bois de sapins est sa spécialité la plus fatigante... pour les bœufs.

Les vins les plus réputés du pays se récoltent au pied de Poupet, dans les cantons des *Riantes*, des *Roussets*, des *Chameaux*, de *Chauvirez*, etc.

Le plâtre s'extrait de carrières à jour pratiquées au flanc des montagnes.

La fromagerie produit annuellement 26,000 kilog. Elle se trouve à l'extrémité supérieure de la ville.

La vallée de Salins allant du nord au sud, il est facile de s'y orienter. La température y est toujours saine, quoique sujette à des transitions subites.

En arrivant de la gare, on trouve la promenade *Barbarine*, flanquée de bosquets et ombragée de grands arbres; puis, dès qu'on a franchi la porte, l'église paroissiale de *Saint-Maurice*, fondée en 1198; on en rogna le chœur en 1832 pour élargir la rue. On y remarque une descente de croix en marbre, et un vieux vitrail.

L'*Hôtel-de-Ville* date du siècle dernier. Par le péristyle, on entre dans la chapelle votive érigée à la Vierge, comme *Libératrice* de Salins, affligé de la peste et menacé par les Suédois en 1639. On y remarque le portrait du chanoine Marmet, qui prononça le vœu à la Vierge, et une *Mater dolorosa* en marbre blanc, par M. Huguenin, de Dole, l'auteur de la *Valentine de Milan*, du jardin du Luxembourg. Cette statue est un cadeau du gouvernement de Louis-Philippe.

La fontaine monumentale de la Place-d'Armes représentant une nayade, fut construite par Devosge en 1720. Les Salinois appellent cette nayade penchée sur son urne : Madame Truchot.

En sortant de l'Hôtel-de-Ville, on aperçoit sur la hauteur à gauche le clocher paroissial de *Notre-Dame*. On y voit trois tableaux. Une *Madeleine*, de Brunet, donnée à l'église, avec une longue légende. Une copie de la *Madeleine*, de Lebrun, qui est au Louvre. Une *Nativité* (école italienne?).

De Notre-Dame on se rend à l'église principale de *Saint-Anatoile*, à mi-hauteur de la côte de Belin, en passant devant la Bibliothèque, le Collége, la Caserne, et sur le réservoir d'eau minérale créé par M. de Grimaldi.

Cette église, érigée au commencement du onzième siècle, détruite et rebâtie en 1469, est le plus vieux morceau d'architecture romane de la Franche-Comté. Endommagée par un incendie en 1826, on lui a enlevé une bonne partie de son caractère par de maladroites restaurations. On y remarque la porte d'entrée, les galeries supportées par les piliers de la grande nef, les boiseries du chœur et la chaire. Cette église, classée parmi les monuments historiques, attend, d'un air assez piteux, les urgentes améliorations qu'on lui a promises.

La quatrième paroisse des *Carmes* ou de *Saint-Jean-Baptiste* est à l'extrémité sud de la ville. On y voit deux statuettes en plâtre, essai d'un jeune sculpteur salinois, M. Claudet, dont l'atelier est à deux pas, à gauche, sur la route de Champagnole.

L'*Hôpital* est situé, derrière la saline qui l'enfume, sur la rive gauche de la Furieuse. Il date de 1690, et a pour origine une libéralité testamentaire de Jean de Montaigu. Il possède des archives curieuses et deux tableaux intéressants : un *portrait* du chanoine Cuirot, et un *Christ en croix*, de Wyrch.

A la *Bibliothèque*, qui compte 9,000 volumes, on remarque deux tapisseries anciennes faites à Bruges en 1501, témoignant de la dévotion des Salinois pour *Monsieur St-Anatoile*, et un grand tableau votif, restauré par M. Mazeran, professeur de peinture au Collège. Il représente St-Anatoile et St-Claude, natif de Bracon, bénissant Salins, tel qu'il existait en 1628. Ce grand tableau fut alors porté en pélerinage jusqu'à Gray.

Dans la ville, on peut recommander aussi aux amateurs spéciaux la galerie de peinture de M. Létoublon, et les riches collections, tant géologiques qu'archéologiques de feu M. le docteur Germain, père, qui fut le premier maître de notre célèbre géologue salinois, M. Jules Marcou, aujourd'hui à Cambridge.

Parmi ses notoriétés contemporaines, Salins compte :

MM. *Victor Considérant*, le phalanstérien ;

Magnin, conservateur de la Bibliothèque impériale, membre de l'Institut ;

Valette, professeur de Droit, à Paris ;

Pourchet, colonel, conservateur du Musée d'artillerie, à Paris ;

Barbet, chef d'institution, à Paris ;

Rollier, inspecteur-général d'Académie, à Paris ;

Bonvalot, ex-professeur au Lycée Charlemagne, à Paris ;

Ch. Galibert, élève du Conservatoire, grand prix de Rome, mort en 1857 ;

La plus importante et la plus récente illustration salinoise est celle du *général Cler*, tué au pont de Magenta.

Salins avait déjà quatre généraux sous le premier empire : *Lépin*, *Jarry*, et les deux *Préval*.

Un autre Salinois, de célébrité plus ancienne, c'est le grammairien d'Olivet, de l'Académie française. Il composa, en souvenir de sa ville natale, une idylle en vers latins dans laquelle la nymphe *Salina* sert à Cupidon un plat de fraises saupoudrées de sel de Salins. Cupidon prend ce sel si blanc pour du sucre. Il mange les fraises, fait la grimace, et l'Olympe éclate de rire.

V. — LA SALINE.

La Saline est entourée d'un vieux quartier nommée *Langaune*, qui rappelle encore la cession à l'abbaye d'Agaune, au sixième siècle. Cette vaste usine, qui formait autrefois comme un petit monde à part, passa en 1842 du domaine de l'Etat à la Compagnie des Salines de l'Est. On y visite les bâtiments d'évaporation, et les souterrains considérables où fonctionnent les appareils hydrauliques, au moyen desquels les bâtiments d'évaporation sont approvisionnés d'eau salée. Ces voûtes, qui se prolongent jusque sous la petite Saline, aujourd'hui Établissement des Bains, furent construites en 1029 par les moines du pays. La nouvelle administration a considérablement augmenté la minéralisation des eaux salées, en poussant ses sondages jusqu'au banc de sel gemme, à 243, 248 et 265 mètres de profondeur. Ces trois trous de sonde fournissent journellement chacun 500 hectolitres d'eau. Les produits annuels de la Saline sont de 60,000 quintaux métriques de sel, plus 300 quintaux de chlorure de potassium et 200 quintaux de sulfate de soude. Elle compte une quarantaine d'ouvriers.

VI. — L'ÉTABLISSEMENT DES BAINS.

Depuis nombre d'années, les médecins du pays appliquaient fort avantageusement les eaux de la Saline, quand, en 1855, M. de Grimaldi fonda cet établissement appelé à un si brillant avenir. En 1859, on y voyait déjà 45 cabinets de bains, une vaste piscine entourée de 17 cabinets, et un assortiment hydrothérapique des plus riches.

Les cures s'opèrent à l'aide d'eaux minérales de deux sortes : les eaux naturelles et les eaux-mères.

Les eaux naturelles ici en usage sont fournies par une source qui se trouve sous l'établissement même, et qui donne 18,000 hectolitres d'eau par jour. Ces eaux sont chauffées artificiellement pour le bain. Elles contiennent, sur 1,000 grammes de liquide, 27 grammes 416 milligrammes de chlorure de sodium. Même à ce degré, elles ont, sur l'eau de mer, l'immense avantage de pouvoir être prises en boisson. Les eaux naturelles servent de base à la composition des bains et douches de toutes catégories.

Les eaux-mères sont le résidu liquide qui reste

dans la chaudière après la cristalisation et l'extraction du sel. Les eaux-mères de Salins contiennent 3 grammes 22 centigrammes de bromure de potassium, dont 2 grammès 15 de brôme, par 1,000 grammes de liquide.

Les bains de mer, que l'on compare aux nôtres, sont bons comme hygiène préventive et hydrothérapie ; mais ils sont incapables de vous remettre du sang dans les veines, incapables de *guérir* les maladies graves, par la raison toute simple que la minéralisation des bains de mer ne peut être développée à volonté comme celle des nôtres, augmentés d'une certaine proportion d'eaux-mères. Ainsi, n'ajoutez que 15 litres d'eaux-mères à un bain de 200 kilog. (fort souvent on doit dépasser cette dose), et vous aurez dans votre bain :

Chlorure de sodium . . 7 kilog. 8 gr.
Bromure de potassium . » 61

Un bain de mer, de quantité égale, ne fournira que :

Chlorure de sodium. . . . . 5 kilog. 140 gr.
Bromure de sodium et de magnésium réunis . . . . » 26

Dès l'instant que le secret curatif consiste à s'assimiler en bain, douche et boisson, le plus adroitement possible, les éléments essentiels de ces eaux, c'est-à-dire le chlorure de sodium et le bromure de potassium qu'elles contiennent, il est facile, au vu des chiffres ci-dessus, de se faire une opinion.

Les eaux analogues de Kreuznach et Nauheim, en Allemagne, ont le tort d'être chargées d'une grande quantité de chaux, ce qui leur constitue, à l'égard des nôtres, une infériorité notoire, cette chaux diminuant de beaucoup leur efficacité. Citons des chiffres :

Les eaux-mères de Kreuznach, sur 1,000 grammes, contiennent :

Chlorure de calcium. . 205 grammes.

Celles de Nauheim, sur 7,680 grammes :

Chlorure de calcium. 2,302 grammes.

Chlorure de chaux . 132 —

Ce sont là, on peut le dire, des *eaux calciques*; or, les eaux chargées de chaux ou de magnésie développent les engorgements, tandis que les eaux chargées de sel de potasse et de soude les dissolvent.

Dans les eaux de Salins, pas vestige de sels de chaux ni de chlorure de cette base. Comprenez-vous maintenant en quoi consistent leur supériorité, aussi bien vis-à-vis les eaux de mer, que vis-à-vis celles de Nauheim et de Kreuznach. Vis-à-vis les eaux de mer, elles ont l'avantage de pouvoir être saturées, d'abord à faible dose, puis, poussées progressivement à un haut degré de minéralisation. Elles ont l'avantage de ne contenir aucune trace de magnésium, de pouvoir être bues, et, dès le second ou le troisième jour, parfaitement digérées. Essayez d'en faire autant avec les eaux de mer, et vous nous en donnerez des nouvelles. Vis-à-vis les eaux analogues d'Allemagne, les nôtres ont l'avantage d'être pures de tout alliage de calcium ou de chaux, ce qui laisse à leur propriété curative toute son énergie naturelle. En résumé, les eaux de mer, les eaux d'Allemagne et les eaux de Salins, ne se ressemblent pas, et ne peuvent être indifféremment appliquées aux mêmes maladies,

Voilà l'agent curatif bien défini. Au médecin le soin de l'appliquer sagement. Résumons à quelles maladies :

1° La *scrofule* à tous les degrés. Les résultats obtenus sont innombrables et merveilleux. En 1859, l'administration des hôpitaux de Paris envoya à Salins vingt enfants dans le plus triste état. Chez tous, il y eut prompte amélioration, et, pour la plupart, la guérison ne se fit pas attendre.

2° La *syphilis*.

3° La *dartre*, quand elle a un caractère scrofuleux.

4° La *goutte*, greffée sur un tempéramment lymphatique.

5° Le *scorbut*.

6° Le *rhumatisme* musculaire chronique et articulaire chronique avec anémie.

7° Le *rachitisme*.

8° La *phtisie*... quand les poumons sont affectés de lésions scrofuleuses.

9° La *chloro-anémie*... pâles couleurs, etc.

10° Les *engorgements* inflammatoires chroniques après entorse, luxation, contusion, raideur musculaire occasionnée par traitement de fracture, etc.

11° La *paralysie* rhumatismale. Celle des hystériques. Celle qui suit les fièvres graves. Celle qui provient des lésions du cerveau ou de la moëlle épinière, mais non au début.

12° Le *goître* et ses prédispositions, surtout chez les jeunes personnes.

13° L'*anaphrodisie*, suite d'abus d'alcools, de bière, etc.

14° Les *pertes séminales*.

15° L'*incontinence d'urines*.

L'énergie des eaux de Salins indique assez quel danger il y aurait à en abuser. Ces eaux, prises en boisson, sont puissamment *résolutives*. D'ordinaire, ce mode d'emploi marche avec les bains. Dans quelques cas il suffit à lui seul. Sous forme de bains et de douches, ces eaux sont *reconstitutives*. Elles cicatrisent les lésions, raffermissent les os, assouplissent les perclusions, renouvellent le sang. Leur usage ne réclame d'autres préparations que quelques bains ordinaires, et à l'occasion un purgatif destiné à mettre la peau et le tube digestif en état d'*absorber* convenablement les substances minérales contenues dans ces eaux.

Beaucoup d'affections lymphatiques sont sujettes à une inflammation locale tout ordinaire. Il faut, naturellement, commencer par faire disparaître cette inflammation, au moyen de bains émollients et sédatifs, mais ne pas regarder toujours cette inflammation comme interdisant les bains salés. Une fois le traitement commencé, le malade n'a plus qu'à bien courir, bien boire et bien manger; c'est indispensable au succès de la cure; qu'il évite seulement les viandes grasses, salées, fumées, marinées, les ragoûts.

Au bout d'une quinzaine, on éprouve d'habitude une certaine fatigue. Faites alors une halte de quinze à vingt jours. Vous recommencerez ensuite avec plus de plaisir et de profit.

La saison commence au 1er juin et dure quatre mois. On s'abonne aux salons de l'Etablissement moyennant 20 fr. par personne. Mari et femme : 35 fr. Cinq concerts par semaine. Jardins, billards, journaux, revues, fanfare et orphéon.

Dans l'Etablissement des bains, les chambres varient de 2 fr. 50 à 6 fr. par jour. Table d'hôte, vin compris, 6 francs.

Bain simple de la source.	1 f.	50 c.
» avec douche	2	»
» avec 10 litres d'eaux-mères. . .	2	50
Supplément de 1 à 10 lit. d'eaux-mères.	»	20
Frais à part : Linge.	»	50
Service pour un bain. .	»	15
» pour une douche	»	30
» pour bain et douche réunis . .	»	40
Bains de natation dans la piscine . . .	1	50
Douche simple.	1	50
Douche avec adjonction de 10 litres d'eaux-mères	2	»
A boire.—Un verre simple bu à la fontaine	»	05
Un verre gazifié	»	10
Le litre (à remplir)	»	20

Il y a à Salins trois libraires, plusieurs hôtels garnis pour les baigneurs, plusieurs restaurants, un marché au beurre, fruits et jardinage, tous les matins. Les étrangers peuvent y trouver satisfaction à tous les besoins de la vie, aux prix ordinaires d'une petite ville de 7,000 âmes, qui est, proportionnellement, la plus commerçante du département.

VII. — PROMENADES PÉDESTRES.

Elles sont nombreuses, aux environs de Salins,

les promenades fatigantes, telles qu'il les faut comme auxiliaires au traitement des baigneurs. Quelques-unes cependant sont à peu près en plaine ; commençons par celles-là, pour mettre peu à peu en haleine.

Le val de Saint-Joseph. — A partir de la gare, il est assez agréable vers le soir de suivre la route de Besançon, qui s'engage entre les rochers d'*Arel* parallèlement au chemin de fer, jusqu'au viaduc de Saint-Joseph. Un peu plus loin l'on arrive, toujours de plain-pied, à Saint-Benoit, rendez-vous des Salinois le lundi de Pâques. Dès que le soleil s'incline sur l'horizon, on jouit, dans cette gorge abrupte et verdoyante, d'une température agréable, même à l'époque des chaleurs. Au sortir de cet encaissement de rochers, l'on apprécie d'autant mieux les grands effets de lumière produits par le soleil couchant sur la côte dentelée de Belin.

Le val d'Héry. — A l'autre extrémité de la ville, sur la droite, on peut suivre aussi sans fatigue la route de Champagnole, qui gravit doucement le val d'Héry à travers les cultures touffues de Moutaine et de Fonteny, pour aller couper la ligne ferrée de Mouchard à Pontarlier, plus haut que Pont-d'Héry, à 12 kilomètres de Salins. Au sortir du faubourg, on a sur la droite la *Croix de*

Bellegarde (altitude : 610). A gauche, un peu plus loin, l'on aperçoit au bord du plateau le clocher d'Aresches (695), qui autrefois n'était pas visible d'en bas. Qu'on juge des affaissements que la colline a dû subir. La grange actuelle de *Sercenne* occupe l'emplacement du village de ce nom qui a été englouti en 1649. Visiter un peu en aval les marnes géologiques de *Boisset*, et même les carrières de plâtre, dans lesquelles il est très-facile de pénétrer sous la direction d'un ouvrier. Au retour, vue très-pittoresque de la ville et des forts.

A partir du *Pont-Romand*, au bas de la descente, l'on peut revenir par les prés *Tiennants*, dont les sentiers se prennent près du moulin, sur la gauche de la rivière. Voilà la lune qui monte derrière le fort Belin. Jouissons de la fraîcheur du soir et de la mystérieuse beauté de ce paysage nocturne...

La nuit sur nous lentement
Déroule ses voiles,
En faisant au firmament
Briller les étoiles,
C'est l'heure où les amoureux
Regardent plus langoureux
La lune indolente
Si calme et si lente.

C'est l'heure où l'oiseau finit
Sa complainte douce,

En revenant à son nid,
A son nid de mousse,
D'où son œil ensommeillé
Guette encore émerveillé
La lune indolente
Si calme et si lente.

La fleur que les feux du jour
Avaient épuisée
Prend enfin avec amour
Son bain de rosée.
Le bassin de l'abreuvoir
Dans sa belle eau laisse voir
La lune indolente
Si calme et si lente.

Le noyer silencieux
Dans l'ombre incertaine
Rêve, en dressant vers les cieux
Sa cime hautaine.
Les grillons, à travers champs,
Bercent de leurs plus doux chants
La lune indolente
Si calme et si lente.

Dans la plaine va soufflant
La brise fantasque,
Et le clocher de fer-blanc
Reluit comme un casque.
Au sein de l'immensité,
Plane en toute liberté
La lune indolente
Si calme et si lente.

Heureux qui, dans ce moment
De délice extrême,
Peut, incliné doucement

Vers celle qu'il aime,
Le cœur libre de souci,
Voir là haut, planer ainsi
La lune indolente
Si calme et si lente.

Le val de Gouailles à trois kilomètres. On y arrive par la route en plaine qui se bifurque à l'extrémité du faubourg, sur celle de Champagnole, en appuyant toujours à gauche. Dès qu'on a perdu de vue la ville, on laisse à droite le hameau de Blégny, pour suivre le ruisseau qui a sa source au pied de l'hémicycle de rochers que vous commencez à apercevoir. Le moulin dépassé, vous vous trouverez dans l'avenue d'un dernier bâtiment sur la porte duquel vous lirez : *Scopus laborum Deus*. Dieu est le but de nos travaux. C'est tout ce qui reste de l'ancien couvent de l'ordre de Saint-Augustin, fondé en 1192, par Gaucher IV, sire de Salins, à son retour de la troisième croisade. Par les temps de pluie, l'eau tombe en cascade verticale du haut de ce rocher (120 mètres), au pied duquel vont vous conduire de jolis sentiers, pratiqués dans les broussailles, par le propriétaire de la maison. En haut, sur la gauche, vous attend même la surprise d'une façon de chapelle, avec jolies banquettes pour vous reposer.

Le fort Belin.— Par les temps humides, dès que la pluie s'arrête, on est sûr d'avoir toujours le pied sec, en prenant la direction de St-Anatoile et du fort Belin. A mi-côte, on arrive à l'esplanade des *Coteaux*, d'où l'on voit encore l'ancien *ermitage de Saint-Roch*, et où l'on peut reprendre haleine, pour continuer par un chemin plus facile jusqu'à la lunette de *Bas-Belin*. L'emplacement de ce premier fortin s'appelait autrefois l'ermitage de Saint-Anatoile. A cet ermitage se rattache tant bien que mal une légende... salée. Laissez-moi vous la raconter. Elle vous expliquera les tapisseries historiques de la Bibliothèque.

Un jour le saint, qui vivait là de racines, manquant de feu pour faire sa cuisine (les allumettes chimiques n'existaient malheureusement pas encore), envoya son domestique chercher du feu à la Saline. Les saulniers, ce jour-là en humeur taquine, refusent du feu au domestique, à moins qu'il ne l'emporte dans le pan de son manteau. Avant de risquer son unique manteau à pareille épreuve, le domestique veut d'abord en référer à son maître. Le saint renvoie aussitôt son domestique, en lui reprochant son peu de foi. Bientôt le domestique rapporte le feu dans son manteau, sans qu'il en résulte le moindre dommage ; mais au même instant aussi, voilà les sources de la Saline qui cessent de couler. Que vont devenir les saulniers ? Vite on accourt en procession aux pieds du saint qui se laisse appitoyer. Les sources se ravivent, tout le monde est dans la joie.., et nous voilà parvenus à travers les frênes et les acacias jusqu'à la forteresse, où l'on commence à respirer l'air frais des montagnes.

Du pont de la redoute de *Grelimbach*, qui domine un peu le fort, on se rend mieux compte de la singulière topographie de Salins, en voyant ses deux extrémités se rapprocher ainsi presque sous vos pieds, En continuant à gravir ces crêtes rocheuses, vous arriverez bientôt à *Corne-à-Bœuf*, le point le plus élevé des environs après le Mont-Poupet, qui vous fait vis-à-vis. Derrière vous, *Clucy*. Au bord du plateau, sur la droite, à une portée de fusil, la *chapelle de La Chaux* (655), autrefois réputée à l'occasion d'une tille énorme. Dans cette tille se trouvait jadis une petite Madone, qui, respectée par un coup de foudre dont l'arbre avait été fracassé, donna lieu à l'érection de cette chapelle.

Là-bas au nord-est, c'est le village de *Geraise*, à proximité duquel on visite les *Grottes-de-Vaux*, mais c'est un voyage spécial.

En descendant par le chemin qui aboutit à la croix rouge, nous allons traverser une autre marnière souvent visitée par les géologues, non loin de la ferme de *Meurt-de-Faim*, que vous laissez à gauche; puis, arrivés au bas des vignes, en nous dirigeant un peu à droite, nous rentrerons par la porte du *Champbonoz*, qui nous ramène à l'église Notre-Dame. Cette église fait ici pendant à la maison paternelle de M. Bonvalot, le doyen de nos poètes salinois, à qui s'adressent les strophes suivantes :

D'un côté, c'est l'église au grand mur monacal,
De l'autre, l'escalier simple et patriarcal ;
Au milieu, la fontaine, où, toujours expansives,
Les femmes du quartier, leur savon à la main,
Savonnent les péchés de tout le genre humain
Tant que dure l'année, en lavant les lessives.

Montez cet escalier de bois sans compliments.
Pour l'atteindre, il se peut qu'à travers les sarments
Vous ayiez quelque peine à vous frayer passage ;
N'importe ! allez toujours sans crainte et sans souci,
Et quand vous y serez, vous vous direz : — Voici,
Ou je me trompe fort, la demeure d'un sage !

Traversez la cuisine en lorgnant les chaudrons
Qui s'alignent là-bas, en joyeux escadrons ;
Dans le poêle, admirez les portraits de famille,
Puis, avancez toujours, et là bas, tout au fond ;
A l'abri du berceau verdoyant que lui font
Quelques branches de vigne en façon de charmille.

Vous allez le trouver, le sage, le penseur,
Qui d'une voix profonde et pleine de douceur,
Si vous lui demandez ce qu'il croit que nous sommes,
Vous répondra tout net, sans mots ébouriffants :
— Les hommes, mon ami, ce sont de grands enfants.
— Et les enfants, alors ? — Ce sont de petits hommes.

Le fort Saint-André (586) réclame notre visite aussi bien que le fort Belin. Pour entrer dans l'un et dans l'autre, n'oubliez pas la permission du commandant de place. Le sentier de St-André a sa naissance sous le péristyle de l'Hôtel-de-Ville. On y arrive aussi plus aisément par le chemin à voiture de Bracon, entre la ville et le faubourg. Près de la fontaine de Bracon, remarquez ce beau chêne. C'est un arbre de la liberté qui date de 1792. La lunette triangulaire que vous apercevrez tout à l'heure sur votre droite, est le fort Bracon moderne. Le vieux château de Bracon était plus en amont. Sur la seconde porte de St-André, vous trouverez la devise de Louis XIV : *Nec pluribus impar*. C'est que vous avez devant vous une œuvre de Vauban. Du haut des parapets, jolie vue dans la direction de Dole. En 1814, un boulet patriote alla bousculer la marmite d'un campement autrichien, dans la plaine d'Ivory ici au sud. Il n'y avait dans le fort qu'une seule pièce en état de faire feu, et cependant, à force de courir d'un point à un autre, elle tint plusieurs jours en échec nos amis les ennemis.

Le VAL DE PRETIN s'ouvre à l'extrémité de la jolie plaine des *Prés-du-Roi*, à travers laquelle le chemin de Bracon nous a amenés au pied de la colline de Saint-André. Suivons la base de cette colline, en tournant le dos à Salins. Arrivés à la hauteur d'une maison blanche qu'on appelle la loge *Coste*, du nom de son heureux propriétaire, vous vous engagez dans une gorge boisée, toute retentissante de chants d'oiseaux. C'est de préférence le matin ou le soir qu'il faut faire cette petite excursion, à l'instant où le soleil, n'éclairant encore que l'une ou l'autre des collines, laisse régner au fond du val une fraîcheur charmante. A droite, un joli vignoble ; à gauche, des vergers touffus, des chenevières ondoyantes, et le ruisseau qui coule. La configuration du territoire explique assez, dans le village de Prètin, la présence de beaucoup d'ânes, comme auxiliaire, des travaux de culture. Cette circonstance fait aussi que, dans les environs, l'on dit d'un sot ou d'un ignorant qu'il a pris ses grades à l'Académie de Pretin. Cette académie burlesque, fondée par les moines de Château, délivrait des brevets ornés d'une tête d'âne. Ne vous avisez cependant pas de plaisanter à cet égard un indigène, car il ne manquerait pas de vous répondre carrément : — Hé, oui, monsieur ; Pretin est le pays des ânes, mais il y en passe plus qu'il n'y en reste.

Dans la vieille église délabrée, voir la chaire à prêcher. Voici le joli ruisseau de la *Vache*, qui a sa source derrière le village, et qui va nous servir de guide à travers les noyers. Au-dessus des grands rochers qui surgissent sur notre droite (523), vous verriez les ruines de l'ancien couvent des Bénédictins. Cette riche abbaye, dite de *Château-sur-Salins*, datait du IXe siècle. Naturellement elle possédait tous les territoires environnants, aussi, les premières vignes que nous retrouvons sur notre gauche, s'appellent-elles : *la Sacristaine.* Plus haut ce sont les vignes du *Calice.*

Après le hameau de Cautène, nous arrivons au jardin Pillot, autrefois jardin botannique de Nicolas de Gilley. Retournons-nous contre les rochers de Château, qui ont d'ici assez bonne mine, surtout celui qui saillit en pointe, et a l'air d'un factionnaire. La promenade de Château est fort recommandée à Salins. Le chemin se prend, soit derrière l'église de Pretin, soit de ce côté-ci, par les prés de Cautène ; puis on retourne à Salins par la crête de la montagne, direction de Saint-André, en aboutissant au-dessus de la ferme de *Salgret.*

Si nous sommes un peu fatigués, et que nous ayons avec nous des enfants, n'oublions pas, en rejoignant la grande route à Marnoz, de manger, chez le Frisé, à l'auberge du *Grand-Saint-Michel,* un gâteau arrosé de vin blanc du crû. Rien de tel pour franchir lestement les quatre kilomètres qui nous séparent de Salins. Le château de *St-Michel,* que l'on voit d'ici, n'a de remarquable que sa position.

S'il en est temps encore, allons faire voir aux enfants la fabrique de faïence que nous retrouvons au bas du *Mont-de-Simon,* en vue de la gare, sur l'emplacement de l'ancien couvent des capucins ; rentrons par la *Porte Basse,* au-dessous de la Barbarine, ce qui nous vaudra l'occasion de voir une fois le pauvre quartier vigneron du *Malachin*, et soyez sûrs que nous dormirons tous bien cette nuit.

VIII. — PROMENADES PAR LE CHEMIN DE FER.

LA SALINE D'ARC forme la seconde station dans la direction de Dole. Le chemin de fer est ici à notre service pour l'aller et le retour avant midi.

Avant d'arriver à Mouchard, regardons par la portière, au-dessus du village de Pagnoz, les ruines de l'ancien *château de Vaugrenans*; puis, un peu plus loin, toujours sur la droite, la coulisse où se cache le village de Port-Lesney, sur la Loue, au pied du grand rocher de *Lorette*, et dans un clin-d'œil, nous voilà en vue de Cramans, c'est-à-dire dans le *Val-d'Amour*, au beau milieu duquel nous descendons à la station d'Arc-et-Senans.

Or, ce beau val, s'il faut croire à ce qu'on raconte,
Était jadis un lac au bord duquel un comte
Habitait un manoir tout fièrement posé;
Tandis que l'on voyait sur le bord opposé

S'élever aux confins de cette humide plaine
Celui d'une charmante et noble châtelaine
Près laquelle venait le comte bien souvent
Faire acte de servage amoureux et fervent.

Tout allait à ravir, quand par malheur l'orage
L'assaillit un beau jour, et, malgré son courage,
Le comte et son bateau sombrèrent en chemin,
Si bien que, pour ravoir son corps le lendemain,

La pauvrette fit faire une immense percée,
Et quand toute cette eau se trouva dispersée,
Un beau vallon resta, lequel, depuis ce jour,
Reçut en souvenir, le nom de Val-d'Amour.

Ici notre première visite sera pour la Saline, succursale de celle de Salins, qui lui envoie l'eau salée par des tuyaux souterrains. L'entrée de cet établissement est des plus monumentales. Cette saline fut construite, pour utiliser le bois de la forêt de Chaux, en 1773, sur les plans de Ledoux, architecte des Barrières de Paris. Les ateliers de fabrication et les magasins garnissent le tour de l'enceinte. Au centre, vis-à-vis l'entrée, s'élève le bâtiment de la direction. Six majestueuses colonnes, formées d'assises alternativement rondes et carrées, en ornent la façade. De riches bosquets de verdure et de fleurs complètent les agréments de cette résidence.

En dix minutes, nous allons de la Saline à l'*Église de Senans*, qui doit son luxe à M. de Grimaldi. Parmi les tableaux, l'on remarque un *martyre de Sainte-Bénigne*, patronne de la paroisse, peint par Giacomelli ; l'*Histoire de la Vierge* en quatre toiles, peintes par Claude Vignon, peintre du temps de Louis XIV. Une *Assomption*, par Gariot ; une *Sainte-Famille*, par Schidone, qui a appartenu au prince de la Paix ; une *Rédemption*, de Pereda, qui a appartenu au maréchal Soult; un *St-François-Xavier*, de Carriage, de Vesoul ; le *Christ et la Chananéenne*, de Carrache; *St-Joseph et l'enfant Jésus*, attribué à Murillo.

Dans la chapelle de Saint-Isidore, à droite en entrant, se trouve aussi la *Vierge au donataire*, de Gaspard de Crayer. Cette toile est d'un caractère remarquable.

A un quart de lieue de l'église de Senans, nous allons trouver, dans son fouillis de grands arbres, le *château de Roche*, actuellement propriété de MM. Bovet, de Neuchâtel, en Suisse. Quant à l'histoire de ce château, voici ce que m'en écrit l'un de ces Messieurs :

« Ce qu'il y a de plus intéressant dans l'histoire du château de Roche, c'est son origine. Cette terre s'appelait primitivement Châtel-Rouillaut, du nom d'un château dont on voit encore les ruines, non loin de la Saline-d'Arc. Elle fut inféodée par Jean de Châlon, à son écuyer Guyot de Rochefort, vers 1257, si je ne me trompe (je n'ai pas l'acte sous les yeux, mais je l'ai déchiffré jadis. L'original est dans nos archives). Ce Jean de Châlon, à ce que dit cet acte, avait été fait prisonnier à Poitiers, comme son écuyer. Celui-ci s'était échappé, et, *par son bon pourchas*, était parvenu à rendre la liberté à son maître. Ce fut en reconnaissance de ce service, que Jean créa pour lui la seigneurie de Châtel-Rouillaut. Plus tard, ce château fut abandonné et reconstruit à quelque distance, sur le rocher qui domine la Loue. Il prit dès-lors, ainsi que la terre, le nom de Roche, et fut érigé en marquisat. Au commencement du XVIIIe siècle, par conséquent encore sous Louis XIV, on le reconstruisit tel qu'il est actuellement. Il appartint longtemps aux Grammont, de Franche-Comté ; puis fut acheté par Louis XVI ; puis par les Renouard de Bussières, de qui mon grand-père l'acheta vers la fin du siècle. »

On obtient facilement du concierge la permission de visiter ces vastes et antiques appartements encore meublés à la Louis XIV. Quand on a eu la sage précaution d'apporter avec soi son dîner, on s'étend avec délices sous ces frais ombrages, au bord même de la Loue, si mieux l'on n'aime s'engager dans l'épaisseur de la forêt, pour revenir ensuite à la gare, en visitant, le long de la rivière, la papeterie de M. Lépermont, et la scierie de M. Chamecin.

Mentionnons ici pour mémoire *Chatelay*, la première gare en allant à Dole. C'est la patrie de Virginie Lauternier. Emmenée par ses parents en Algérie, en 1834, cette jeune fille tomba avec sa famille, au pouvoir d'une troupe de Marocains. Le fils aîné de l'empereur du Maroc s'éprit de sa beauté. Il l'épousa, et maintenant elle est impératrice.

Mais voici le train qui arrive. Sautons en vagon, et dans une demi-heure nous serons de retour à Salins.

Arbois n'est qu'à treize kilomètres de Salins. En une heure et demie on peut y aller à pied par Bracon, la plaine d'Ivory et les *Engoulirons*. Arbois se rattache aussi à Mouchard par ses omnibus, et bientôt par ses chemins de fer. Décidément nous lui devons une visite. En sortant de Mouchard, on trouve sur sa droite le château moderne des *Varaches*; plus loin, sur la gauche, le village et le vignoble réputé des *Arsures*, puis *Montigny*.

Si Arbois n'est pas aussi pittoresque que Salins, cela est bien compensé par l'épanouissement cossu de son territoire et sa jolie rivière la *Cuisance*.

L'histoire ne parle guère d'Arbois qu'à partir de 1052. Les princesses de Bourgogne y séjournèrent souvent au treizième et quatorzième siècles. Henri IV le dévasta en 1595, et son général fit pendre à un arbre le capitaine Morel, qui avait eu l'audace de lui résister en héros. Brûlé par les troupes de Louis XIV, lors de la première invasion française; puis, abandonné, Arbois subit définitivement l'annexion commune en 1674.

L'église principale de *Saint-Just* date de 1528. En fait de tableaux, on y remarque une *Présen-*

sentation au Temple, une *Sainte-Thérèse* et un *Repos de la Sainte-Famille*, signé Quellinus, 1675. Dans une chapelle de droite, on lit sur une plaque de marbre noir, en mémoire du capitaine Morel :

Ne vous travaillez point de me faire un tombeau,
Mes chers amis d'Arbois, de porphire ou de marbre,
Assez m'honorera, où je fus pendu l'arbre,
Et pas ne m'en pourriez ériger un plus beau.

Parmi ses célébrités, Arbois compte les généraux David, Pichegru, Baudrand, Delord.

Dans la direction de Montigny, se trouve encore en partie le château où logea Henri IV, pendant le siége d'Arbois en 1595.

La première richesse d'Arbois, c'est son beau vignoble, auquel nous ferons politesse, au moyen d'une bouteille de vin blanc, en dînant à l'hôtel de la *Pomme-d'Or*.

A deux lieues d'Arbois, vous apercevez, dans la direction du nord, la TOUR DE VADANS, qui se dresse fièrement à l'horizon. Pour y arriver, vous n'auriez qu'à suivre la *Cuisance* à travers cette plaine si opulente. Les murs de cette tour ont 10 pieds d'épaisseur, aussi ont-ils soutenu plusieurs siéges. Le général Delord est enterré dans la partie inférieure, ainsi que sa fille, dont le mausolée est fort remarquable. Le château moderne, appartenant à Mme la baronne Delord, est une charmante demeure, entourée de magnifiques jardins.

Vadans est la patrie du sculpteur Déjoux, né en 1732, d'une famille de cultivateur, et qui, de simple menuisier, devint, en 1799, membre de l'Académie des Beaux-Arts. Malgré son peu de fortune, il dota son village d'une école primaire et de sa fontaine monumentale. On voit de lui, à l'hôpital d'Arbois, son buste, et deux statues en bronze représentant *Hygie* et *Esculape*. Le général de division Péalardy naquit aussi à Vadans en 1753.

Vadans est depuis quelque temps la résidence de M. Basset, le savant et aimable antiquaire, l'homme qui certainement connaît le plus en détail, toutes les collections et tous les collectionneurs de France et de Navare. Tous ceux qui l'ont vu à Paris vantent son affabilité accueillante. Si nous en faisions l'essai ?

En sortant d'Arbois par la direction opposée, on trouve le magnifique vallon de MESNAY et des PLANCHES, au fond duquel jaillissent les deux sources de la Cuisance, et que terminent en amphithéâtre les grands rochers de LA CHATELAINE. Ces rochers ont une élévation perpendiculaire de 242 mètres. Le vallon de la *Petite source* est d'une fraîcheur et d'une coquetterie ravissantes.

A peine sorti de la forêt, le ruisseau dégringole en soubresauts jusqu'à une première cascade d'une cinquantaine de pieds, immédiatement suivie d'une seconde toute pareille qui s'engouffre dans un vaste et gracieux bassin, souvent admiré par les visiteurs. Tout auprès l'on a découvert dernièrement, dans les tufs, une jolie grotte remplie de stalactiques d'une blancheur d'argent, et d'un style plein de grâce et de fantaisie. Vue aux flambeaux, cette grotte vous laisse dans l'éblouissement.

La caverne de la *Grande source* a aussi sa cascade qui devient énorme par les temps de pluie. Cette caverne a cinq ou six cents mètres de profondeurs ; au fond se trouve un lac. En 1825, des jeunes gens d'Arbois la visitèrent en détail. Elle est divisée en deux étages. On monte de l'un à l'autre au moyen d'une échelle de 20 pieds. Sous une dalle, on trouva deux squelettes, celui d'une grande personne et celui d'un enfant, avec un long collier, deux broches, des instruments de sacrifice, un couteau à manche d'ivoire, placé au côté droit du personnage qui était probablement un victimaire. Sur un cran du rocher était le squelette d'un homme étendu comme sur un lit de parade. Tout cela démontre assez l'origine celtique de la Châtelaine, dont les rochers sont couronnés par les ruines du vieux château, fondé au dixième siècle, que la comtesse Mahaut d'Artois et sa fille Jeanne, reine de France, habitèrent souvent vers

1322. C'est là, dit-on, que, dans un moment de famine, cette princesse aurait fait entasser et brûler à la fois tous ses pauvres dans une grange, pour leur épargner les tourments de la faim. Le remède était, effectivement, radical.

Le château moderne appartient à M. de Bannans, de Salins. Il renferme plusieurs bons tableaux, et, dans la cuisine, une gracieuse colonnette, provenant de l'ancien château. Le parc, de 55 hectares, est dessiné avec beaucoup de grâce. A l'une des extrémités s'élève, sur une pointe de rocher, une croix qui, vue d'en bas, produit un effet très-pittoresque. Le village des Planches est la résidence de M. de Brevans, qui manie aussi bien la plume que le pinceau. Il est aussi la patrie de Cl. Perrin, né en 1644, peintre du roi de Pologne. L'église des Planches est neuve. L'église actuelle de la Châtelaine date de 1698. Le tombeau de M. et Mme de Bannans est dans la chapelle de gauche.

Nous ne quitterons pas ce plateau sans vous dire deux mots des découvertes récentes de nos savants indigènes. D'après eux, nous sommes ici sur un immense charnier, où dorment, depuis trois ou quatre mille ans, plus de cinquante mille Séquanes, nos ancêtres. Leur *Médiolan*, c'est-à-dire le sanctuaire où leurs druides pratiquaient le culte, rendaient la justice et les oracles, devait se trouver vers *Molain*, dans la forêt des *Moidons*, que voici sur notre gauche. Ce vaste plateau, entouré d'escarpements ou de marais, devenait une sorte de quartier-général assez commode pour l'attaque et la défense, d'où aussi l'acharnement de la lutte pour l'enlever et pour le conserver. On peut juger de cet acharnement par les longues et larges traînées de sépultures que M. Ch. Toubin, de Salins, dit avoir retrouvées, du sommet des montagnes de Pretin, jusqu'aux abords de la rivière d'Ain ; c'est-à-dire sur une longueur de quatre ou cinq lieues, à travers les bois des Moidons et de Valempoulières. M. Toubin tire de ce dernier nom l'indication révélatrice de *Val-en-Pourrières.* Non loin de la Châtelaine, il existe encore un lieu dit : *le Champ de la guerre* ; en amont de Pont-d'Héry : *la Combe de la mort*, et au-dessus de Pretin : *la Vie* (le chemin) *de la mort.* Les agresseurs ne pouvant être que les Eduens, tribu de l'autre côté de la Saône, pour des raisons spécifiées, la lutte, dit M. Toubin, a dû commencer du côté de la rivière d'Ain, pour se continuer pied à pied jusque sur les hauteurs de Pretin et de la Grange-Perrey, où finissent les traces de sépultures, etc., etc. Voilà le thème. Si vous voulez en savoir plus long, lisez l'*Étude sur les Champs-sacrés*, par M. Ch. Toubin ; puis, si après lecture, vous prenez parti pour ou contre, rien ne vous sera plus facile que d'aller vérifier les choses sur le terrain.

En attendant, pour faire diversion à ces histoires sanglantes, et qu'elles ne troublent pas notre sommeil la nuit prochaine, je vous demande la permission de chanter une chanson populaire de la Franche-Comté, qui ne sera pas dépaysée non plus ici, au milieu des bois. C'est la chanson des *Trois petits Fendeux* :

Il y avait trois p'tits fendeux, fendeux dessus l'herbette,
(J'entends le rossignolet !)
Il y avait trois p'tits fendeux, causant d'leurs amourettes.

Le premier des fendeux, celui qui tient la fende,
(J'entends le rossignolet !)
Le premier des fendeux dit :—J'aime et je commande.

Le fendeux du mitan, celui qui tient la rose,
(J'entends le rossignolet !)
Le fendeux du mitan dit :—J'aime et moi je n'ose !

Le troisièm' des fendeux, celui qui tient l'amande,
(J'entends le rossignolet !)
Le troisièm' des fendeux dit :—J'aime et je demande.

—Mon ami ne serez, vous qui tenez la fende,
(J'entends le rossignolet !)
Mon ami ne serez ; l'amour ne se commande.

—Mon ami ne serez, vous qui tenez la rose.
(J'entends le rossignolet !)
Mon ami ne serez ; si vous n'osez, je n'ose.

—Mon ami vous serez, vous qui tenez l'amande,
(J'entends le rossignolet !)
Mon ami vous serez ; l'on donne à qui demande.

IX. — PROMENADES EN VOITURE.

Le Lison ! Assurons pour demain une voiture de louage avec un bon cheval, et partons avant que la chaleur ne devienne trop intense, pour Nans-sous-Sainte-Anne, à 12 kilomètres. La route se prend au-dessus de la gare, à droite de la Barbarine. A trois kilomètres, nous trouvons le *Pont des Vallières* et sa rampe en casse-cou. N'oubliez ni ce pont ni cette rampe, qui nous serviront de jalons pour nos courses ultérieures. Après une heure d'ascension pénible, nous découvrons sur la gauche, à la limite départementale du Doubs et du Jura, la maison du garde-forestier de M. de Pourtalès, à qui appartiennent toutes les forêts situées sur notre gauche. Bientôt nous n'avons plus qu'à descendre au grand trot, à travers les taillis, en admirant sur notre droite une armée de jeunes sapins qui ont l'air de monter à l'assaut.

Tenez ! apercevez-vous maintenant le village de *Nans*, au fond de cet entonnoir. Ce pic qui le domine, vis-à-vis nous, porte les ruines de l'ancien château-fort de *Mont-Mahoux*. Sur ce promontoire de rocher qui s'avance si fier, ici sur notre droite, était le *château de Sainte-Anne*, célèbre dans l'histoire du pays. C'est là que la domination espagnole, en Franche-Comté, rendit le dernier soupir.

« Ce château, qui passait pour inaccessible, dit Dunod, fut réduit par le secours d'une charpente qu'on avait élevée jusqu'à la hauteur de ce château, et sur laquelle on avait placé une batterie. »

Réglons d'avance le menu du dîner, sans oublier un plat de truite, et gagnons à pied la source du *Lison*. C'est l'affaire de vingt minutes. Remarquez en passant, ici à droite, cette vaste maison à tour massive. Elle a appartenu dans le temps au mari de Mme Monnier, de Pontarlier, la Sophie des *Lettres d'amour*, de Mirabeau. Le marquis de Monnier était bien vieux et sa femme bien jeune, quand Mirabeau, alors prisonnier au fort de Joux, leur fut présenté pour la première fois à Pontarlier, par M. de Saint-Mauris, commandant du fort, à l'occasion du sacre de Louis XVI. Les relations établies, l'on vint souvent à Nans, dont M. le marquis était seigneur. Bientôt l'amour s'en mêla si bien, que Mme la marquise finit par décamper en Suisse. Mirabeau s'échappe de sa prison, et les deux amants vont vivre assez péniblement en Hollande. Arrêtés à Amsterdam et reconduits à Paris, Sophie est enfermée dans un couvent, et Mirabeau au donjon de Vincennes, d'où il écrivit ses fameuses lettres. Mais la jalousie était intervenue. A sa libération, Mirabeau n'avait plus d'amour, et le 9 septembre 1789, Sophie désespérée s'asphyxiait.

A gauche de la grosse maison, voici la fabrique de faïence, derrière laquelle nous visiterons au retour la source caverneuse de ce ruisseau, affluent du *Lison*, qu'on appelle le *Vernaux*.

Des prés, des champs, des arbres, partout l'émanation des fleurs et les murmures de l'eau. Nous voici au moulin de *Fons-Lison*. Voyez quelle charmante cataracte forme sur ces roches moussues le trop-plein de l'écluse, quand le canal de l'usine n'absorbe pas toute l'eau comme à présent. Pénétrons maintenant dans la gracieuse caverne, par ce sentier facile qui longe le rocher, plus haut que le moulin. Admirez cette jolie nappe d'eau limpide, que les plateaux supérieurs approvisionnent de leurs abondantes filtrations. Et même, pour mieux embrasser cet ensemble, insinuons-nous, par ce couloir à gauche, jusqu'à cette corniche supérieure, d'où nous dominerons tout, comme du haut d'une tribune. Quelle élégante fermeté dans les assises de cette voûte ! Quelle verdure veloutée que celle de ces mousses et de ces feuillages ainsi contemplés à contre-jour ! On s'oublierait volontiers à ce spectacle ; mais rappelons-nous qu'il fait frais ici, et retournons vite au grand air, en continuant nos visites ; d'abord :

Au Creux-Billard, où va nous conduire cet autre sentier à droite, bifurqué sur celui qui nous ramène de la source. La montée n'est que de quelques pas, et nous voilà en plaine, dans un joli fourré, qui va nous faire descendre, comme à l'aveuglette, jusqu'au fond d'un puits. Nous y voilà. Relevez maintenant les yeux vers le ciel, dont on n'aperçoit qu'un étroit lambeau. Voilà le Creux-Billard. Par les temps de pluie, quand deux ou trois abondants jets d'eau dégringolent de ces hauteurs, n'est-ce pas que ce doit-être assez joli... dans son genre.

Maintenant, volte-face ! Regagnons le moulin, à quelques pas duquel nous apercevrons à gauche une passerelle rustique jetée sur le Lison par les soins de M. de Grimaldi, à seule intention de vous faire parvenir plus aisément, à travers la forêt et le torrent ci-contre,

A la Grotte–Sarrasine. Cette grotte a, dit-on, servi de refuge aux Sarrasins, quand, au huitième siècle, Charles-Martel les chassa de France. D'autres, remontant à des époques bien plus anciennes, font, de ce lieu, la grande sacristie du Druidisme, qui avait sa métropole, dans le voisinage, à *Alesia*, dont nous visiterons un autre jour le plateau. Les abords de l'antre, dit l'historien moderne d'Alesia, grandissent démesurément aux yeux à mesure qu'on s'en approche. On monte longtemps. Bientôt à la mousse humide succèdent la poussière et la roche sèche, sur un sol que n'a jamais mouillé la pluie. Cette niche est si vaste, qu'elle embrasserait la façade entière de Notre-Dame de Paris ; si élevée, que sous son ciel de pierre, partout éclairé de la lumière du jour, on voit des nuées d'hirondelles au ventre blanc tourbillonner et s'ébattre à grands cris, sans nul souci des visiteurs. Avançons jusqu'au fond de la caverne, qui se termine par une jolie nappe d'eau; nous y constaterons le gargouillement perpétuel de torrents souterrains, puis nous regagnerons le village, où notre dîner doit nous attendre les bras ouverts.

Si cette source, ce puits et cette cathédrale druidique ne vous ont pas mis en appétit, il faut convenir que vous avez l'estomac difficile.

Sur le replat qui domine immédiatement la source du Lison, existait autrefois la célèbre abbaye des Dames Urbanistes de *Migette*, fondée au XIVe siècle. Il fallait faire preuve de noblesse pour y être admise. Cette jolie vallée supérieure se termine en un cul-de-sac, où le ruisseau qui la sillonne se précipite en cascade sous une passerelle aérienne qu'on appelle le *Pont-du-Diable*. Dans les forêts encadrant l'ancienne abbaye, on trouve encore l'allée des soupirs, l'allée des repentirs, l'allée des Dames qui se prolonge jusqu'au dessus de la Grotte-Sarrasine.

Pour charmer notre retour, laissez-moi vous finir mes histoires sur ce joli vallon de Nans.

En arrivant, ce matin, vous avez sans doute remarqué, sur la gauche, avant d'entrer au village, tapie dans les arbres à fruits, entre la colline boisée et la rivière qui coule, une jolie résidence à persiennes vertes qui fait envie à tous ceux qui passent.

Il y a là derrière, au bout de l'avenue, une cour bien sablée et garnie de plates-bandes fleuries. Un grand saule échevelé se balance par dessus, en laissant tomber ces branches paresseuses jusqu'au bassin d'une fontaine. Un peu plus haut, quelques touffes de coudriers et de tilleuls sauvages ; puis, tout là haut, sur votre tête, le ciel bleu et profond où les petits nuages blancs voyagent à tire d'aile.

C'est là qu'habitait, il y a des années, M. le colonel Marion, depuis maréchal de camp. C'est là qu'il recevait chaque année, à la Saint-Urbain, fête du village, un poète salinois qui était son cousin et son ami, et qu'on appelait l'avocat Marsoudet.

Marsoudet, tout jeune encore, était devenu aide de camp du comte de Narbonne, alors gouverneur de Besançon et ami de Mme de Staël. Il avait été lié avec la famille Nodier, et avec tous ses contemporains franc-comtois de quelque importance. Malgré ces relations qui pouvaient lui faciliter l'accès d'une carrière brillante, il passa insoucieusement sa vie de 81 ans à faire de la poésie, dont il n'assura pas même la conservation. Marsoudet avait écrit deux comédies qui se perdirent, de même que sept volumes de sentences, dont voici quelques échantillons, indiquant assez la tournure de son esprit :

Le parasite avale et ravale son hôte.

—

Celui qui toujours raille est bien vite éraillé.

—

Le bruit qu'on ne fait pas est toujours fatigant.

—

Un homme décousu cherche à se faufiler.

—

Plus un homme est parleur, moins il a de parole.

—

Plus d'un homme en sabots a du foin dans ses bottes.

—

On est mis de côté, quand on n'est pas bien mis.

—

Chacun vit dans le doute et ne s'en doute pas.

—

Plus d'un bon croyant dit : je crois bien que je crois.

—

Les juifs vivent d'usure et les chrétiens en meurent.

—

Le coq aura bon temps, mais sera bien capot,
Quand tout le genre humain mettra la poule au pot.

La mère de Marsoudet était de Nans, et il y avait passé son enfance. Le colonel Marion l'aimait comme un frère. Or, dans cette cour garnie de sable si bien battu, vers cette fontaine qui babille à demi-voilée, dans cette atmosphère qu'embaument la mousse des forêts et les sainfoins de la prairie, figurez-vous, par un beau soir de la fin de mai (St-Urbain tombe le 25), l'heureuse famille groupée avec ses amis autour d'une table où le souper va finir. La journée a été bruyante.

On a manqué de faire chavirer la barque en remontant depuis l'écluse du moulin. On s'est enroué à faire parler l'écho de la Grotte-Sarrasine. On s'est extasié pour la millième fois à Fons-Lizon ; puis, on s'est retrouvé, mourant de faim, devant une table bien servie, où les éclats de rire, les rasades et les saillies de se suivre à la file. Cependant, on redevient plus sérieux à mesure que le jour baisse. Quand la joie part du cœur, rien de plus naturel que ce recueillement involontaire aux approches de la nuit.

Et pourtant, les grands rochers jaunis par le soleil couchant, répercutent ses derniers rayons jusque sur la face des convives. On dirait une couronne d'or posée sur le front des montagnes. Tous les chants lointains s'apaisent, toutes les rumeurs s'assoupissent. Quelques feuilles de saule se détachent, on ne sait pourquoi, de leur branche, et tombent, en tournoyant, sur les débris du souper.

Imaginez-vous quel effet devait produire Marsoudet déjà âgé, sur un auditoire ainsi préparé, quand il se mettait à chanter de sa voix tremblante :

O Nans, vallon délicieux !
Tes ruisseaux, tes cascades
Sous les doigts des Naïades,
Forment des luths harmonieux !
Monts et collines,
Beautés alpines,

Hauteurs voisines
Des demeures divines,
Vous élevez mon âme aux cieux,
Là, j'entends dire à nos aïeux :
—Enfants, voulez-vous être heureux ?
Vivez, buvez en frères,
Comme faisaient vos pères.

Dans la grotte des Sarrasins
Il est une sybille
Qui lit d'un œil habile
Dans le grand livre des destins.
—Dis-nous, prêtresse,
Est-ce sagesse
Ou bien richesse
Qui nous charme sans cesse?
A ces mots, de l'antre profond,
Une voix sourde nous répond :
— Enfants, le bonheur est au fond
Au fond de ces grands verres
Où le puisaient vos pères.

Dans un lit de paillettes d'or
De fleurs et de verdure,
Quoi ! le Lison murmure ?
Que peut-il désirer encor ?
—Peut-on se plaire
A ne rien faire
Que de l'eau claire ?
Ah ! par toute la terre
On murmure quand on n'a pas
Femme et flacon remplis d'appas,
Eux seuls peuvent faire ici-bas
Couler des jours prospères
Comme en coulaient nos pères !

Ce vallon t'a donné le jour

O ma mère chérie !
J'éprouve en ta patrie
Un transport plus doux que l'amour.
Quand Flore attire
Sous son empire
L'heureux zéphire
C'est toi que je respire,
Que je vois, que je sens
Dans toutes les fleurs du printemps.
Chantez, oiseaux ! Chantez, bons habitants !
La plus tendre des mères
Qui chérissaient vos pères !

Malgré leur physionomie de vieux pastel de famille, n'est-ce pas que ces couplets ont aussi une certaine grâce, naïve et pénétrante ?

La seconde des chansons sur le Lison commençait par ces quatre vers. C'est tout ce qui nous en est resté :

Salut, berceau de mon enfance !
Salut, tombeau de mes aïeux,
Dans les fleurs ce vallon commence,
Et ne finit que dans les cieux !

Puis venait la troisième, vrai chant d'adieux, où le rire goguenard de Marsoudet essaie de se faire jour à travers les larmes :

Nans ! je t'admire et je t'en veux,
Tu me fais gémir d'être vieux
Et de quitter la vie,
Berceau, tombeau de mes aïeux

Je viens vous faire mes adieux,
Bonsoir la compagnie !

Je n'irai pas boire au Léthé,
Amis, point de félicité
S'il faut qu'on vous oublie.
J'irai là haut, vieux chérubin,
Me griser avec St-Urbain
En grande compagnie.

Le cygne chante avant sa mort.
A pareil chant, à pareil sort
Point je ne porte envie ;
S'il mourait au bord du Lison,
Il pleurerait avec raison
Si belle compagnie.

LES SAPINS de *Villeneuve* et *Levier* commencent à 16 kilomètres de Salins. A l'extrémité du faubourg, direction de Pontarlier, prenons droit devant nous la route du milieu. En montant au pas pendant six kilomètres, nous revoyons à gauche les rochers de Gouailles, nos vieilles connaissances. Au-dessus de la montée, vaste éboulement des terres marneuses de *Creux-Lague* en 1839. Les arbres debout et les pelouses, tout a glissé du même coup. Voici le village de *Cernans*. Plus loin, à gauche, celui de *Dournon*. Dans cette plaine, les troupes de Maximilien d'Autriche, unies aux Salinois, battirent les Français sur la fin du quinzième siècle. En montant le *Chalème*, nous retrouvons à gauche Mont-Mahoux et le château de Sainte-Anne qui dominent le Lison.

Voici les hauteurs franchies, et voilà aussi l'armée noire des sapins. Ici, nous n'avons pas trop à nous inquiéter du dîner. Dans les villages de la montagne, on dîne toujours assez bien, grâce à la clientèle du roulage. Le menu est peu compliqué, mais copieux et robuste ; jugez-en plutôt par ce qui passait autrefois à Levier, de l'autre côté des bois :

La Dînée.

C'est à l'*Ours*, autrefois, chez Madame Caresche,
Que les chevaux mangeaient l'avoine à pleine crèche,
Pendant que les rouliers, leurs maîtres, attablés,
Dînaient, de leur chapeau crânement affublés.

Dans la grande cuisine, au milieu du vacarme,
Les marmites cuisaient que c'était un vrai charme,
Si bien l'on entassait, dessous, les gros quartiers
De sapin, et parfois, les fagots tout entiers.

Aussi fallait-il voir, tant que durait l'année,
Comme à l'intérieur l'immense cheminée
En forme d'étouffoir, étalait à foison
Les énormes morceaux de grosse salaison.

Sitôt qu'on soulevait à peine le couvercle
Des casseroles qui cuisaient en demi-cercle
Autour de ce foyer, l'on ouvrait de grands yeux,
A se trouver si près d'un gala si joyeux.

Tous les jours, vers midi, quand le dîner approche,
Une longe de veau rôtissait à la broche,

Ou quelque gros poulet bien loin de redouter
La critique de ceux qui pourraient en goûter.

Dans la salle à manger, l'on prenait bien ses aises
Sur des bancs de sapin qui tenaient lieu de chaises ;
La nappe à filets bleus abondamment prouvait
Par ses taches de vin, combien l'on y buvait.

Ici, pas question de luxe de vaisselle,
Mais qu'importe le plat, quand, dessus s'amoncelle
Tout ce qui met en joie un dîneur affamé,
La bonne soupe aux choux, le gros jambon fumé,

Le bouilli constamment d'une tendresse extrême,
La choucroute au saindoux, le gras-double à la crême,
L'andouille, le civet de lièvre ou d'écureuil,
Voire même, en son temps, le cuisseau de chevreuil.

Puis venait le dessert avec ses apanages,
Les assiettes de choix à fleurs, à personnages
En rendez-vous d'amour doucement réunis
Sous des tas de croquets, d'amandes, ou d'anis

A côté du fromage arrivait la compote,
Et même les biscuits pour faire la trempotte,
Puis enfin le café, de sucre se comblant,
Avec le *gloria* dans son carafon blanc.

Bientôt, la trogne aussi rouge qu'une pivoine,
Pendant que les chevaux finissent leur avoine,
Ces messieurs, au foyer, en gens de la maison,
Allument leur bouffarde, à l'aide d'un tison.

Il est tard, plus moyen de boire davantage,
—Allons, portez-vous bien, les gens ; à l'avantage !
Allons, comme d'usage, à dimanche ou lundi,
Que le dîner soit prêt sur le coup de midi.

Les grandes forêts de sapins ont cela de commun avec la mer : de quelque bout qu'on les prenne, elles sont partout les mêmes. Le visiteur n'a donc pas à se demander à laquelle il doit donner la préférence. Qu'il consulte seulement ses convenances de locomotion.

Quand on en fait la première fois l'essai, il est difficile de n'être pas vivement saisi en entrant dans un fourré du *Grand-Jura.*

Ce pêle-mêle sans limite d'immenses colonnades aux têtes vacillantes ; ces senteurs résineuses qui vous mordent les narines ; ces bruissements insaisissables qui vous inondent de toutes parts ; ces flèches de lumière qui dardent çà et là à travers la voûte si élevée des râmures ; ces longues mousses blanchâtres qui pendent des hautes cimes comme des barbes de centenaires ; ces caprices d'accoustique qui, tantôt étouffent votre voix comme le ferait une cloche de plomb, et tantôt la font retentir comme un clairon, selon les accidents du sol, tout cela fait vite comprendre qu'on vient d'entrer dans une sorte de monde à part, auquel vous allez avoir à payer votre initiation. Que le soleil couchant prenne subitement la forêt en écharpe, et, autour de vous, qui vous croyiez si bien caché tout à l'heure, il va vous sembler que tout flamboie comme une fournaise. Malgré vous, cette inondation subite de clarté vous embarrasse, et si vous veniez de commettre un crime, en comptant sur la protection de la solitude, vous pâliriez certainement de terreur, comme un homme qu'on traîne à la potence.

Qu'un vent d'orage vous enveloppe, au contraire, à l'improviste, et, aux convulsions furieuses de tous ces grands arbres qui s'entre-choquent, qui se tordent, qui se brisent les uns à travers les autres, vous allez crier : Sauve qui peut ! en vous croyant plongé tout vivant dans un des plus horripilants cataclysmes de l'Apocalypse.

Au fond, la nature sans l'homme n'est qu'un corps sans âme. Pour se rendre compte de la hauteur d'un sapin, il faut voir un bûcheron, avant de l'abattre, en faire l'ascension et en élaguer les branches. Cette ascension se fait à l'aide d'une simple corde pour enceindre l'arbre, et d'ergots de fer assujettis aux jambes, destinés à mordre dans la rugueuse écorce. Arrivé à vingt et quelques mètres du sol, c'est-à-dire à la hauteur d'une maison de cinq ou six étages, le bûcheron vous semble déjà bien loin de vous, et cependant il n'a encore fait que la moitié de sa course, autour de cette quille vertigineuse. Parvenu tout en haut, qu'un étourdissement le prenne, ou que la branche, à laquelle il se retient, se brise, et vous pouvez apprécier quelle dégringolade... pour gagner vingt sous ! salaire d'une ascension pareille.

Dans les profondeurs des bois, l'on trouve ici

une voie romaine et la fontaine, de *Brasse-à-Couche.*

A partir de Villeneuve, on peut, à la rigueur, visiter la forêt sans quitter la voiture, grâce aux belles routes d'exploitation qui rayonnent en tous sens. Au milieu de la forêt de Levier, près la maison du garde, au *Pré-au-Maire*, on n'a qu'à prendre la route de droite, pour revenir par *Villers-sous-Chalamont.* Cet itinéraire facile vous promène dans les sapines pendant plus d'une heure et vous fournit l'occasion de voir l'église neuve de ce dernier village. De là, vous opérez votre retour sur Salins, par *Arc-sous-Montenot*, où vous attend une nouvelle église à visiter. D'Arc, vous arrivez bientôt à *Pontamougeard*, seigneurie du commandant militaire de Salins, lors de l'annexion à la France, en 1674.

M. de Pontamougeard n'ayant pas voulu se rendre, on rasa son château de Pontamougeard, et sa maison de Salins, où il était né, fut confisquée. Voilà comment Louis XIV honorait la fidélité d'un brave militaire à son drapeau. M. de Pontamougeard mourut à Mons en 1689, général du roi d'Espagne, et baron du Saint-Empire.

Pendant toute notre promenade d'aujourd'hui, nous avons souvent rencontré de grands sapins traînés par deux bœufs dans la direction de Salins. De la forêt à Salins, le voiturage d'un sapin de cent pieds se paye de 10 à 15 fr.; mais, la veille, il a préalablement fallu aller l'extraire de la forêt, d'un point parfois difficile et éloigné. Ce voiturage est le fléau de l'agriculture dans les villages environnants.

Quand la ligne de Pontarlier sera ouverte, on pourra en profiter pour visiter les sapins de la Joux, à Supt et Chapois, dans la direction de Champagnole.

Dans la montagne, les prairies sont encore en fleurs. Savourons, sans nous presser, les agréments du retour. Qu'importe le paysage, pourvu qu'on soit dans la verdure. Ces grands horizons reposent de l'austérité des sapins. Cueillons un bouquet champêtre, comme trophée de notre course. Bientôt les fleurs auront disparu :

Doux poëte, venez ; venez, soigneuse abeille,
Venez tous deux remplir encor votre corbeille ;
Venez tous deux jeter votre dernier coup d'œil
Sur ces prés qui, demain, seront peut-être en deuil.

Eh quoi !... déjà l'été ? quoi, ces plaines couvertes
De papillons joyeux, de fleurs et d'herbes vertes,
Exhalant leurs parfums âcres autour de nous,
Et baignant, comme l'eau d'un fleuve, nos genoux....

Eh quoi !... toutes ces fleurs, si frêles, si charmantes !
Souriant au soleil d'un sourire d'amantes ;
Tous ces sainfoins remplis d'ineffables senteurs,
De fourmis en querelle et de grillons chanteurs ;

Luzerne, serpolet, scabieuses, graminées.
Les trèfles, l'ancolie aux têtes inclinées,

Les narcisses avec leurs pétales d'argent....
Eh quoi ! tout mourra donc, quand viendra la Saint-Jean !

Oui, vienne la Saint-Jean, vienne la faux jalouse,
Et nous n'aurons plus là qu'une triste pelouse,
Où s'éparpilleront mille insectes surpris
De ne plus retrouver leurs nocturnes abris.

Puis, derrière la faux, les andains uniformes
S'étendront côte à côte, à travers les grands ormes,
Comme ces régiments que la mitraille abat
D'un seul coup, sans clameurs, sans répit, sans combat.

. . . .

Oh ! comme la nature est riante et comme elle
Ferait couler à flot, de sa forte mamelle,
Si nous l'interrogions moins grossiers ou moqueurs,
La santé dans nos corps et l'amour dans nos cœurs !...

Le matin, quand tout luit, quand tout chante et s'éveille,
Quand tout va retrouvant ses parfums de la veille,
Quand tout va revêtant ses plus vertes couleurs,
Les tilleuls embaumés et les sureaux en fleurs;

Qui n'a senti parfois, en folles rêveries,
Son âme s'envoler à travers les prairies,
Avec un bruit confus de feuillages ou d'eaux,
Les bras tous grands ouverts, et couchés sur le dos ?

. . . .

Fermez alors les yeux ; que tout vienne à se taire
Pour vous à la surface, et regardez sous terre,
Tout rempli de terreur et d'admiration,
Le travail incessant de la création.

Voyez dans quel chaos se croisent ces racines
Que chaque insecte mord de ses dents assassines ;

Voyez par quels chemins la sève lentement
Monte et circule autour du moindre filament.

Et comprenez, à voir ainsi cet autre monde,
Où tout est fange, nuit, suintement immonde,
Ce qu'il faut par-dessous, d'efforts inaperçus
Pour qu'une pauvre fleur éclose par-dessus.

Ainsi quand un hasard moins désolant ramène
Le sourire effacé sur une bouche humaine,
Ne l'enviez pas trop, avant d'avoir compté
A quel prix ce sourire, hélas! fut racheté,

Car tout bien a pour nous sa face expiatoire;
Comme pour ce voleur dont nous parle l'histoire,
Qui cachait sous sa robe, aux plis calmes et blancs,
Le renard affamé qui lui rongeait les flancs.

Doux poëte, venez; venez, soigneuse abeille,
Venez tous deux remplir encor votre corbeille;
Venez tous deux jeter votre dernier coup d'œil
Sur ces prés, qui, demain, seront peut-être en deuil.

Le chemin du Gouffre de Conche, aussi bien que celui d'Alaise, se prend derrière Poupet, en quittant, sur la gauche, la route de Nans, vis-à-vis le village de *Saizenay*. On peut aller au Gouffre de Conche à pied ou en voiture. Bientôt, sans doute, les promeneurs trouveront à Salins des ânes pour les courses un peu longues. Pourquoi, aussi bien, n'adopterait-on pas les chevaux, comme cela a lieu en Suisse? Pas une de nos promenades ne présente de difficultés comparables à celles de l'ascension du Righi, du Faulhorn, de la Grande-Scheidegg, et cependant les dames font toutes à cheval ces expéditions de l'Oberland, sans s'en trouver plus mal. Au contraire ! Le premier chemin à voiture que l'on trouve à droite, en longeant la route de Myon, toujours dans les grands bois, va nous conduire au pont rustique du haut duquel on aperçoit sous ses pieds la jolie cascade. Le pont franchi, l'on trouve à quelques pas, sur sa gauche, un sentier commode pour descendre au fond de l'abîme, d'où l'on admire plus à l'aise cette belle chute d'eau en étages, tombant dans un élégant bassin en forme de conque ou de conche, comme dit le langage du pays. Cette promenade à six kilomètres environ, est fort en crédit à Salins, et vaut sa réputation pour quiconque aime à errer sous d'épais ombrages, entre deux hautes collines boisées, et sur un chemin uni comme l'allée d'un parc.

A partir du pont, en continuant à marcher sur la droite du ruisseau qui, dans le monde historique, s'appelle le *Tôdeure*, on trouve bientôt, à gauche, la maison du garde, puis les *Prés-de-l'Oie*, d'où, en appuyant sur la droite et à angle droit, l'on tombe dans le fameux chemin de la *Languetine*, qui aboutit non loin d'ici, derrière la maison Pourtalès, sur la route de Nans.

Dans la direction opposée, ce même chemin va

nous conduire sur le plateau d'Alaise, toujours dans les bois. C'est l'affaire d'une petite lieue. On va également à Alaise par Myon, en continuant la route que nous avons quittée pour nous diriger vers le pont du Gouffre-de-Conche.

Cette histoire d'Alaise, ou plutôt d'Alesia, est trop compliquée pour trouver à se caser convenablement dans ces quelques pages; néanmoins ce voisinage nous impose l'obligation de la résumer en deux mots, pour les personnes étrangères aux grosses querelles savantes, survenues à ce propos.

Les Romains, vainqueurs du monde, n'avaient pu encore soumettre les Gaulois, quand Jules César essaya d'en venir à bout, tant par ses intrigues que par ses armes, certain que, maître de la Gaule, il ferait ensuite de Rome tout ce qu'il voudrait. A force de mettre aux prises les différents peuples gaulois, il était parvenu à réaliser une bonne partie de son programme, et se disposait à retourner à Rome en triomphateur, quand les Gaulois, rassurés par cet éloignement, s'aperçoivent enfin de leur duperie, et se massent en faisceau sous les ordres de Vercingétorix, bien décidés à reconquérir à tout prix leur vieille indépendance.

A cette nouvelle, Jules César fait volte-face, et vient en Auvergne mettre le siége devant Gergovie, où les Gaulois l'attendent de pied ferme. Ne pouvant entamer cette place forte, malgré toute son adresse, et voyant la révolte s'étendre comme un incendie autour de lui, Jules César s'efforce de rejoindre son lieutenant Labiénus, à la garde de qui il avait confié la Gaule pendant son absence, et n'a plus d'autre pensée que de ne pas perdre ses communications avec l'Italie en se laissant cerner.

Les Gaulois, forts de leur droit, de leur nombre et de leur intrépidité, se mettent à la poursuite de l'armée romaine, qui, grâce à sa discipline et à l'habileté sans scrupule de son chef, fait subir successivement les plus sanglants échecs à la grande armée gauloise. Vercingétorix, battu une dernière fois près de Gray, sur la Saône, se replie avec 80,000 hommes sur Alesia. Alesia était alors une immense place forte de quatre lieues de tour, dans laquelle, au bruit des événements, venait déjà de se réfugier une masse de populations des bords du Doubs (les Mandubiens) avec leurs troupeaux.

Jules César en commence aussitôt le siége avec toute son armée. Vercingétorix fait une première sortie, dont l'insuccès lui démontre l'inutilité de sa cavalerie, réduite à 15,000 chevaux. Il rentre dans la place avec la persuasion qu'il n'y a plus de salut pour lui que dans un immense effort, qui arrachera la Gaule à ses fondements, pour la précipiter d'un seul bloc sur l'envahisseur.

—Partez, dit-il à ses 15,000 cavaliers; retournez chacun dans votre pays; levez tout ce qui peut tenir une arme, et revenez nous délivrer. J'ai des vivres pour trente jours. Nous vous attendrons. Et voilà les 15,000 cavaliers qui s'échappent de nuit, par le chemin de la Lanquetine, derrière la maison Pourtalès, sans que les Romains les entendent. Le mois se passe, pas de nouvelles du dehors. Le blocus de l'ennemi devient plus pressant. Les vivres vont être épuisés. Dans Alesia, les uns veulent qu'on attaque, les autres s'y refusent, en proposant, quand les vivres manqueront, de manger les individus inutiles à la défense. Cela n'est pas accepté, mais, par économie, on chasse de la ville les vieillards, les femmes et les enfants, qui, ne pouvant se faire accueillir par les Romains, même à titre d'esclaves, meurent lamentablement entre les deux armées dans les précipices du Lison.

Cependant Vergassilaune, cousin de Vercingétorix, arrive du fond des Gaules avec deux cent cinquante mille hommes, et tente de forcer la ligne romaine par les hauteurs de By et de Myon. Bientôt, avec soixante mille hommes d'élite, il envahit le plateau d'Amancey par Ornans et Chassagne. Une lutte terrible s'engage. César, attaqué par Vercingétorix et par l'armée de secours, semble perdu. Lui-même, il est un instant prisonnier d'un gaulois qui déjà l'emporte sous son bras ; mais tout à coup la chance retourne. L'armée de secours est bousculée dans les précipices du Lison et de la Loue. Vergassilaune est pris vivant. Soixante et quatorze enseignes sont apportées à César. Le combat n'est plus qu'une immense boucherie. La masse de l'armée déployée au loin sur les hauteurs prend la fuite, et les défenseurs d'Alesia, délaissés sans retour, rentrent dans la place aux approches de la nuit.

« Qui pourrait dire, ajoute M. Henri Martin, les douleurs de cette horrible nuit, pour toute cette foule infortunée ? Qui pourrait dire surtout ce qui se passa au fond du cœur de l'homme qui était devenu en quelque sorte la Gaule incarnée, et qui sentait défaillir en lui l'âme de toute une race humaine ? Le héros, le patriote, n'avait plus rien à faire ici-bas : la patrie était perdue. L'homme pouvait encore quelque chose pour ses frères. Il pouvait peut-être encore les sauver de la mort et de la servitude personnelles. Cette pensée fut la dernière consolation de cette grande âme. Le lendemain, Vercingétorix convoqua ses compagnons et s'offrit à eux pour qu'ils satisfissent aux Romains par sa mort, ou qu'ils le livrassent vivant. On envoya savoir les volontés de César. Celui-ci ordonna qu'on livrât les chefs et les armes, et vint siéger sur un tribunal élevé entre les retranchements.

Tout à coup, un cavalier de haute taille, couvert d'armes splendides, monté sur un cheval magnifiquement caparaçonné, arrive, au galop, droit au siége de César. Vercingétorix s'était paré comme la victime pour le sacrifice. Sa brusque apparition, son air imposant, excitent un mouvement de surprise et presque d'effroi. Il fait tourner son cheval en cercle autour du tribunal de César, saute à terre, jette ses armes aux pieds du vainqueur, et se tait.

Devant la majesté d'une telle infortune, les durs soldats de Rome se sentaient émus : César se montra au-dessous de sa prospérité. Il fut implacable envers l'homme qui lui avait fait perdre, en un jour, le nom d'invincible, et livra le héros de la Gaule aux liens des licteurs. Vercingétorix, réservé aux pompes outrageantes des triomphes, dut attendre six années entières que la hache du bourreau vint affranchir son âme...»

Voilà quelques traits de cette grande histoire. Or, tout le monde croyait depuis deux mille ans que le village d'*Alise*, près Montbard, en Bourgogne, était le lieu où s'étaient passés ces gigantesques événements, quand, en 1855, M. Delacroix, de Besançon, prétendit qu'on se trompait, et que l'Alesia de Jules César n'était autre que l'*Alaise* moderne à deux lieues de Salins. Entre autres preuves de son dire, M. Delacroix alléguait :

1° Que Vercingétorix battu sur les bords de la Saône, avait bien pu arriver en une journée, comme le dit l'histoire, à Alaise, en Franche-Comté, mais non pas à Alise, près Montbard.

2° Que l'étroit plateau d'Alise n'aurait pu contenir, pendant trois mois, une population de plus de 160,000 personnes, avec leurs troupeaux, sans que la fange leur montât jusqu'au cou, tandis que cette même foule pouvait parfaitement trouver place à Alaise en Franche-Comté.

M. Delacroix étudie ensuite la topographie du pays. Il le trouve rempli des noms de lieux les plus caractéristiques : la *levée de Jules César* ; le *Champ de la bataille* ; le *Champ de la mort* ; le *Passage du combat*, etc. Des fouilles nombreuses et savantes ont fourni à l'appui de sa thèse des raretés de toute sorte, une multitude de sépultures, des médailles, des armes, des bracelets, qui ont fait du Musée de Besançon la plus riche collection celtique qui existe. A ceux qui le contredisent, M. Delacroix a répondu par une brochure où il soumet de nouveau la question à 64 épreuves. De quatre seulement de ces épreuves, Alise et Alaise sortent avec un avantage égal. Dans les 60 autres, c'est notre Alaise seul qui triomphe. Malgré tout cela, l'opinion du monde officiel ne se montre toujours pas plus traitable à son égard, que jadis les légions romaines. La majorité est toujours pour l'Alise des environs de Montbard.

Sans aucun titre personnel pour intervenir dans

ce débat, constatons seulement qu'il est impossible de visiter le plateau d'Alaise, ses environs, et le plateau d'Amancey, où votre pied heurte à chaque pas des sépultures entassées, sans reconnaître qu'il a dû se passer là des événements formidables. Pourquoi l'histoire officielle n'en disait-elle rien ? Il serait naïf de le demander, attendu que l'histoire officielle est comme le roi Dagobert ; elle n'aime pas les pourquoi.

La question d'Alesia a fait écrire déjà beaucoup de livres et brochures dont il est indispensable de prendre connaissance avant d'aller sur le terrain en amateur sérieux. A Alaise même, l'on trouvait ces années dernières, en M. le curé Maisonnet, l'indicateur le plus éclairé et le plus obligeant. Un point vulgaire à ne pas oublier, c'est de porter avec soi son dîner, si l'on ne veut perdre un temps précieux à l'attendre dans les maigres auberges du pays.

C'est égal. Dans nos petites promenades aux environs, nous venons de rencontrer trois fameux conquérants qui n'ont pas brillé, sur notre vieux sol franc-comtois, dans la pratique de la magnanimité la plus élémentaire. Se figure-t-on quelle nique, le capitaine Morel, d'Arbois, M. de Pontamougeard, de Salins, et Vercingétorix, d'Alesia, ont dû faire, dans l'autre monde, en y voyant arriver Henri IV et Jules César poignardés par leurs ennemis, et Louis XIV emmitouflé par la Maintenon.

Bah ! éloignons les idées lugubres en chantant quelque nouvelle chanson du pays. En voici une qui ne peut, comme celle des *Petits fendeux*, se vanter d'être déjà populaire, mais elle ne demanderait pas mieux que de le devenir :

Les deux Commères.

—Nos gens partent pour la foire ;
Je viens de les emballer,
Avec notre vache noire
Qui n'y voulait pas aller.
Ils vont faire, j'imagine,
Un dîner des plus fâmeux...
Qu'en dites-vous, ma voisine,
Hein ! si nous faisions comme eux ?
—Oui fichtre ! faisons comme eux !

—Ils vont avoir une soupe
Excellente, un vrai bouillon...
—Voulez-vous que je la coupe
Dans ce grand plat vermillon ?
—Sans parler de la pitance,
Du dessert, et cœtera...
—Cherchons donc dans la crédence,
Car qui cherche trouvera ..
—Oui, qui cherche trouvera.

—J'avais fait cuire dimanche,
Ce magnifique jambon.
Coupons-en vite une tranche,
Vous verrez comme il est bon !
Et pendant qu'on se gobergo
Là-bas, avec notre argent,
Allons chercher à l'aubergo

Un doigt de vin, c'est urgent...
—Oui, fichtre, c'est très-urgent.

—Tenez, j'en ai pris deux litres.
—Mais vous aviez dit un doigt?
—Bah! nous serions bien bélîtres;
Moi, je fais ce qui se doit.
—Eh bien, alors, ma cocotte,
Grillons vite ce pain blanc,
Et faisons une trempotte;
Vous verrez, c'est excellent!
—Oui, fichtre, c'est excellent!

—Comme le sucre se tasse!
—Notre vin chaud va boucler.
—Prenez garde à votre tasse,
Le chat peut la bousculer.
—Bon, venez que je vous serve,
—Mais rien ne vous restera!
—N'ayez pas peur; j'en conserve:
D'ailleurs on en refera.
—Oui, fichtre! on en refera.

—Vraiment quelle bonne idée
Vous avez eue en venant!
Je me sens l'âme inondée
D'un bonheur très.... surprenant.
—Et moi donc? tenez, voisine,
Je sens mon cœur s'embraser
D'une tendresse divine...
Donnez-moi vite un baiser.
—Oui, ma poule, un gros baiser!

—En revenant de la foire
Tout à l'heure nos maris
Seront, je penche... à le croire,
Tous deux, on ne peut plus gris.

—Quel ivrogne que mon homme !
—Un gueux qui me fait damner !
—Allons faire un petit somme,
Car tout commence à tourner...
—Oui, tout commence à tourner !

X. — POUPET.

Nous avons gardé Poupet pour le bouquet de la fin, supposant que cette ascension serait plus intéressante, quand vous seriez un peu renseigné sur les localités environnantes, que nous allons toutes revoir de là-haut en vaste panorama.

Le sentier ordinaire de Poupet se prend près le Pont-des-Vallières, sur la route de Nans. Il passe à côté d'un four à chaux et monte dans les vignes en obliquant un peu à droite, vers une première ferme qu'on appelle la *Graugette*. De là on continue à monter à gauche. Au bout de quelques minutes, on aperçoit en haut la ferme de Poupet qui sert de jalon. Elle est habitée par de bonnes gens qui mettent leurs ressources à la disposition des promeneurs à des conditions modérées. Derrière la ferme on peut faire l'ascension d'un premier pic nommé le *Pain-de-Sucre*, au bord duquel on retrouve des ruines d'un vieux château détruit par Louis XI. De la plate-forme escarpée qui le couronne, on commence à comprendre le charme saisissant des grands horizons. Si vous êtes là-haut par le vent du Nord, gare les chapeaux de paille! C'est de là qu'on saisit bien, dans ses masses et dans ses détails, le singulier paysage de Salins, au milieu duquel les deux forts ont l'air d'être rentrés dans terre. Redescendons pour prendre la direction de cette colline que la crête en face sépare de la ferme. Ce chemin va nous conduire au *Châtel*, derrière lequel nous trouverons le *Signal*. C'est le point le plus élevé et le plus intéressant du massif. Nous y voilà. Pivotez sur vos talons. Ici la perspective est libre tout autour de vous. Nous sommes ici à 853 mètres au-dessus du niveau de la mer, à 538 mètres au-dessus de la gare, et à 167 mètres au-dessus de St-André. Regardez au Nord-Est. Voilà le plateau d'Alaise dans tout son épanouissement, et au Sud-Ouest la grande forêt des Moidons. Je ne prétends pas vous faire ici la nomenclature de tous les points que nous apercevons dans ce cadre formé par la chaîne du Jura, les plaines de la Bresse, les collines de la Côte-d'Or, et le bassin de la rivière du Doubs. Ouvrez la carte du pays, et vous vous suffirez facilement.

Du signal, nous pouvons retourner à Salins par St-Thiébaut, en prenant un chemin que nous allons trouver à quelque pas, au bord de ce rocher. Nous traverserons cette plaine cultivée qui s'étend à nos pieds. Au bord de cette plaine, nous trouverons un sentier dont l'entrée est pavée de larges dalles. Dans quinze minutes, nous serons à

Saint-Thiébaut, et de là dans une heure à Salins.

Poupet est le baromètre de Salins, quand les nuages le couvrent, on dit que Poupet *a mis son bonnet*, et l'on ne sort plus sans parapluie. Le dimanche de la Trinité, on monte à Poupet dès le grand matin pour *voir lever les quatre soleils*.

Cette expédition peut se faire très-facilement en 3 ou 4 heures, aller et retour. En montant par Saint-Thiébaut, on pourrait aisément faire une bonne partie de l'ascension en voiture.

Comme ils sont beaux à voir groupés à l'aventure,
Ces effets contrastés de splendide nature,
Qui déroule partout, en regard enchanté
Comme un royal écrin, notre Franche-Comté.

Pays des grands rochers, pays des grandes plaines
Où voyage, la nuit, l'ombre des châtelaines,
Pays des vrais savants, des nobles songes creux,
Des robustes soldats et des vins généreux.

A nous tous ces vallons, brillants palais de fées,
Où le vent libre et frais souffle à grandes bouffées,
A nous tous ces côteaux tendus de verts tapis
Moelleux velours formé de pampres accroupis...

A nous tous ces torrents dont d'abord on s'effraie,
Puis, qui vont s'endormir derrière une oseraie,
A nous ces vieux sapins, famille de géants,
Pleins d'herbes, de murmure et d'oiseaux fainéants.

Et les Alpes toujours comme des nonnes blanches
Drapant au loin là-bas, leur manteau d'avalanches

Et les chalets au bord des glaciers suspendus
Et les sentiers étroits dans les neiges perdus,

Et le pâtre qui vient sans qu'on la lui demande
Égrainer à vos pieds sa roulade allemande,
Oui, les Alpes! ou bien encor si vous voulez
Le Jura tout rempli de brins d'herbe perlés,

Et notre vieux Poupet, tel qu'un pâtre de Brie
Sur son coude appuyé près de sa bergerie,
Recomptant, aussitôt qu'un peu de jour a lui,
Son Salins qui là-bas, s'allonge devant lui.

Poupet qui, pardessus les collines, renvoie
Ses salutations au Mont-Blanc de Savoie,
Sans trop s'inquiéter de monticules nains,
Car il est aussi, lui, frère des Apennins.

Poupet, oui, c'est à lui qu'au loin tout se rallie,
Tenez, voilà Cicon, Haute-Pierre et la File,
Puis Mont-Mahoux couvant du regard Fons-Lison.
Les Vosges sont là-bas, derrière l'horizon.

Là-bas c'est la Bourgogne et le clocher de Dole.
Là-bas c'est Nozeroy, le Mont-d'Or et la Dôle;
Là-bas le Larmont, puis le Suchet; tous grands monts
Qui se passent entre eux, pendant que nous dormons

Leur qui vive? sacré, comme des sentinelles,
Et dressent, au matin, leurs cimes éternelles
En échangeant sous cape un clin-d'œil souriant,
Sitôt qu'une lueur pointille à l'Orient.

Là-dessus, ami lecteur, il ne me reste plus qu'à vous tirer ma révérence, en vous souhaitant bonne patience et bonne santé.

On me reprochera peut-être de ne vous avoir pas conduit aussi à la source de la Loue, du côté d'Ornans ; aux grottes d'Osselles, du côté de Besançon ; à la source de l'Ain et aux Planches-en-Montagnes, du côté de Champagnole. Je m'en suis abstenu, parce que, sorti d'un certain rayon, il n'y avait plus guère de motif d'en finir, et, à force d'étendre les environs de Salins, nous n'aurions pas tardé à y comprendre toute l'Europe, ce qui serait un peu prétentieux.

Il m'a semblé que ce serait un mauvais moyen de vous faire apprécier notre pays que de vous en parler avec une exagération quelconque. La vérité suffit pour le faire aimer, malgré sa rudesse. Vous vous en apercevrez, je l'espère, après quelques semaines de séjour, et surtout quand vous l'aurez quitté, tant votre mémoire s'acharnera à vous le rappeler sans cesse.

C'est l'avantage que je désire le plus vivement, car il nous donnerait la certitude de vous revoir ici l'an prochain, parfaitement portant, ce qui nous ferait bien plaisir, et à vous ?

BIBLIOTHÈQUE IMPÉRIALE IMPR.

FIN.

TABLE DES MATIÈRES.

FIN DE LA TABLE.

Lons-le-Saunier, imp. de Gauthier frères.

www.ingramcontent.com/pod-product-compliance
Lightning Source LLC
LaVergne TN
LVHW012352220826
846092LV00002B/530

* 9 7 8 2 0 1 6 1 6 5 6 9 0 *